JN043863

2025年度版

# 岡山県・岡山市の 論作文・面接

## 過 去 問

協同教育研究会 編

協同出版

# はじめに～「過去問」シリーズ利用に際して～

　教育を取り巻く環境は変化しつつあり，日本の公教育そのものも，教員免許更新制の廃止やGIGAスクール構想の実現などの改革が進められています。また，現行の学習指導要領では「主体的・対話的で深い学び」を実現するため，指導方法や指導体制の工夫改善により，「個に応じた指導」の充実を図るとともに，コンピュータや情報通信ネットワーク等の情報手段を活用するために必要な環境を整えることが示されています。

　一方で，いじめや体罰，不登校，暴力行為など，教育現場の問題もあいかわらず取り沙汰されており，教員に求められるスキルは，今後さらに高いものになっていくことが予想されます。

　本書の基本構成としては，論作文・面接試験の概要，過去数年間の論作文の過去問題及びテーマと分析と論点，面接試験の内容を掲載しています。各自治体や教科によって掲載年数をはじめ，論作文の書き方や面接試験対策を掲載するなど，内容が異なります。

　また原則的には一般受験を対象としております。特別選考等については対応していない場合があります。なお，実際に出題された順番や構成を，編集の都合上，変更している場合があります。あらかじめご了承ください。

　みなさまが，この書籍を徹底的に活用し，教員採用試験の合格を勝ち取って，教壇に立っていただければ，それはわたくしたちにとって最上の喜びです。

協同教育研究会

# C O N T E N T S

# 第1部

# 論作文・面接試験 の概要

# 論作文試験の概要

## ■ 論作文試験の意義

　近年の論作文では，受験者の知識や技術はもちろんのこと，より人物重視の傾向が強くなってきている。それを見る上で，各教育委員会で論作文と面接型の試験を重視しているのである。論作文では，受験者の教職への熱意や教育問題に対する理解や思考力，そして教育実践力や国語力など，教員として必要な様々な資質を見ることができる。あなたの書いた論作文には，あなたという人物が反映されるのである。その意味で論作文は，記述式の面接試験とは言え，合否を左右する重みを持つことが理解できるだろう。

　論作文には，教職教養や専門教養の試験と違い，完全な正答というものは存在しない。読み手は，表現された内容を通して，受験者の教職の知識・指導力・適性などを判定すると同時に，人間性や人柄を推しはかる。論作文の文章表現から，教師という専門職にふさわしい熱意と資質を有しているかを判断しているのである。

　論作文を書き手，つまり受験者の側から見れば，論作文は自己アピールの場となる。そのように位置付ければ，書くべき方向が見えてくるはずである。自己アピール文に，教育評論や批判，ましてやエッセイを書かないであろう。論作文は，読み手に自分の教育観や教育への熱意を伝え，自分を知ってもらうチャンスに他ならないのである

　以上のように論作文試験は，読み手(採用側)と書き手(受験者)の双方を直接的につなぐ役割を持っているのである。まずはこのことを肝に銘じておこう。

## ■ 論作文試験とは

　文章を書くということが少なくなった現在でも，小中学校では作文，

大学では論文が活用されている。また社会人になっても，企業では企画書が業務の基礎になっている。では，論作文の論作文とは具体的にはどのようなものなのだろうか。簡単に表現してしまえば，作文と論文と企画書の要素を足したものと言える。

小学校時代から慣れ親しんだ作文は，自分の経験や思い出などを，自由な表現で綴ったものである。例としては，遠足の作文や読書感想文などがあげられる。遠足はクラス全員が同じ行動をするが，作文となると同じではない。異なる視点から題材を構成し，各々が自分らしさを表現したいはずである。作文には，自分が感じたことや体験したことを自由に率直に表現でき，書き手の人柄や個性がにじみ出るという特質がある。

一方，作文に対して論文は，与えられた条件や現状を把握し，論理的な思考や実証的なデータなどを駆使して結論を導くものである。この際に求められるのは，正確な知識と分析力，そして総合的な判断力と言える。そのため，教育に関する論文を書くには，現在の教育課題や教育動向を注視し，絶えず教育関連の流れを意識しておくことが条件になる。勉強不足の領域での論文は，十分な根拠を示すことができずに，説得力を持たないものになってしまうからである。

企画書は，現状の分析や把握を踏まえ，実現可能な分野での実務や計画を提案する文書である。新しい物事を提案し認めてもらうには，他人を納得させるだけの裏付けや意義を説明し，企画に対する段取りや影響も予測する必要がある。何事においても，当事者の熱意や積極性が欠けていては，構想すら不可能である。このように企画書からは，書き手の物事への取り組む姿勢や，将来性が見えてくると言える。

論作文には，作文の経験を加味した独自の部分と，論文の知識と思考による説得力を持つ部分と，企画書の将来性と熱意を表現する部分を加味させる。実際の論作文試験では，自分が過去にどのような経験をしたのか，現在の教育課題をどのように把握しているのか，どんな理念を持ち実践を試みようと思っているのか，などが問われる。このことを念頭に置いた上で，論作文対策に取り組みたい。

# 面接試験の概要

## ◼️ 面接試験の意義

　論作文における筆記試験では，教員として必要とされる一般教養，教職教養，専門教養などの知識やその理解の程度を評価している。また，論作文では，教師としての資質や表現力，実践力，意欲や教育観などをその内容から判断し評価している。それに対し，面接試験は，教師としての適性や使命感，実践的指導能力や職務遂行能力などを総合し，個人の人格とともに人物評価を行おうとするものである。

　教員という職業は，児童・生徒の前に立ち，模範となったり，指導したりする立場にある。そのため，教師自身の人間性は，児童・生徒の人間形成に大きな影響を与えるものである。そのため，特に教員採用においては，面接における人物評価は重視されるべき内容であり，最近ではより面接が重視されるようになってきている。

## ◼️ 面接試験とは

　面接試験は，すべての自治体の教員採用選考試験において実施されている。最近では，教育の在り方や教師の役割が厳しく見直され，教員採用の選考においても教育者としての資質や人柄，実践的指導力や社会的能力などを見るため，面接を重視するようになってきている。特に近年では，1次選考で面接試験を実施したり，1次，2次選考の両方で実施するところも多くなっている。

　面接の内容も，個人面接，集団面接，集団討議(グループ・ディスカッション)，模擬授業，場面指導といったように多様な方法で複数の面接試験を行い，受験者の能力，適性，人柄などを多面的に判断するようになってきている。

　最近では，全国的に集団討議(グループ・ディスカッション)や模擬授

業を実施するところが多くなり，人柄や態度だけでなく，教員としての社会的な能力の側面や実践的な指導能力についての評価を選考基準として重視するようになっている。内容も各自治体でそれぞれに工夫されていて，板書をさせたり，号令をかけさせたりと様々である。

　このように面接が重視されてきているにもかかわらず，筆記試験への対策には，十分な時間をかけていても，面接試験の準備となると数回の模擬面接を受ける程度の場合がまだ多いようである。

　面接で必要とされる知識は，十分な理解とともに，あらゆる現実場面において，その知識を活用できるようになっていることが要求される。知っているだけでなく，その知っていることを学校教育の現実場面において，どのようにして実践していけるのか，また，実際に言葉や行動で表現することができるのか，といったことが問われている。つまり，知識だけではなく，智恵と実践力が求められていると言える。

　なぜそのような傾向へと移ってきているのだろうか。それは，いまだ改善されない知識偏重の受験競争をはじめとして，不登校，校内暴力だけでなく，大麻，MDMA，覚醒剤等のドラッグや援助交際などの青少年非行の増加・悪質化に伴って，教育の重要性，教員の指導力・資質の向上が重大な関心となっているからである。

　今，教育現場には，頭でっかちのひ弱な教員は必要ない。このような複雑・多様化した困難な教育状況の中でも，情熱と信念を持ち，人間的な触れ合いと実践的な指導力によって，改善へと積極的に努力する教員が特に必要とされているのである。

## ■ 面接試験のねらい

　面接試験のねらいは，筆記試験ではわかりにくい人格的な側面を評価することにある。面接試験を実施する上で，特に重視される視点としては次のような項目が挙げられる。

① 人物の総合的評価　面接官が実際に受験者と対面することで，容姿，態度，言葉遣いなどをまとめて観察し，人物を総合的に評価することができる。これは面接官の直感や印象によるところが大きい

7

が，教師は児童・生徒や保護者と全人的に接することから，相手に好印象を与えることは好ましい人間関係を築くために必要な能力と言える。

② 性格・適性の判断　面接官は，受験者の表情や応答態度などの観察から性格や教師としての適性を判断しようとする。実際には，短時間での面接のため，社会的に，また，人生の上でも豊かな経験を持った学校長や教育委員会の担当者などが面接官となっている。

③ 志望動機・教職への意欲などの確認　志望動機や教職への意欲などについては，論作文でも判断することもできるが，面接では質問による応答経過の観察によって，より明確に動機や熱意を知ろうとしている。

④ コミュニケーション能力の観察　応答の中で，相手の意思の理解と自分の意思の伝達といったコミュニケーション能力の程度を観察する。中でも，質問への理解力，判断力，言語表現能力などは，教師として教育活動に不可欠な特性と言える。

⑤ 協調性・指導性などの社会的能力(ソーシャル・スキル)の観察　ソーシャル・スキルは，教師集団や地域社会との関わりや個別・集団の生徒指導において，教員として必要とされる特性の一つである。これらは，面接試験の中でも特に集団討議(グループ・ディスカッション)などによって観察・評価されている。

⑥ 知識・教養の程度や教職レディネスを知る　筆記試験において基本的な知識・教養については評価されているが，面接試験においては，さらに質問を加えることによって受験者の知識・教養の程度を正確に知ろうとしている。また，具体的な教育課題への対策などから，教職への準備の程度としての教職レディネス(準備性)を知る。

# 第2部

# 岡山県・岡山市の
# 論作文・面接
# 実施問題

※2024年度～2021年度の論作文試験は，中止となりました。

【全校種・2次試験】　60分

## ●テーマ

> 　次の文章を読み，「グローバル人材」を育成するために，どうすればよいか，自分の考えを600字以上800字以内で書け。
>
> 　現在，あらゆる場所でグローバル化は加速し，情報通信や交通分野での技術革新により，人間の生活圏も広がっています。また，分かりやすい例をあげますと，観光庁の発表する「訪日外客数」は年々増加しており，2018年の上半期は累計で1,500万人を超え，過去最高となっています。岡山県においても，外国人旅行者宿泊者数は6年連続で増加しており，2017年度は過去最高の約32万4千人を記録しています。
>
> 　また，世界の国々の相互影響と依存の度合いは急速に高まっており，貧困や紛争，感染症や環境問題，エネルギー資源問題など，地球規模の人類共通の課題が増大する中，我が国には，それらの課題の解決に積極的に取り組むことが求められています。
>
> 　インターネットを通じて，国内どこにいても外国とのやり取りができるように，地域が直接世界とつながる時代の中で，グローバル化への対応は，大都市圏だけの課題ではありません。
>
> 　　　　(教育時報　平成30年10月号「グローバル人材の育成の推進」)

## ●方針と分析

（方針）

　岡山県においても，設問文が示しているグローバル人材を育成することの重要性を述べたうえで，そうした人材を育成していくためにど

のような教育を進めていくのか具体的に論じる。

(分析)

　情報通信技術の進展，交通手段の発達による移動の容易化，市場の国際的な開放等によって，情報，人，物の国際的な移動が活性化，流動化している。こうした社会は，単なる国際化と異なり様々な分野で「国境」の意義があいまいになるとともに，各国が相互に依存し，他国や国際社会の動向を無視できない現象がおきている。こうした世界のグローバル化は，アイデアなどの知識そのものやそれを生み出す人材をめぐる国際競争を加速させるとともに，異なる文化との共存や国際協力の必要性を増大させている。

　このことについて，政府のグローバル人材育成推進会議では，グローバル人材を育成することの必要性を強調し，グローバル人材に求められる資質を次の3つに整理している。

要素Ⅰ　語学力・コミュニケーション能力

要素Ⅱ　主体性・積極性，チャレンジ精神，協調性・柔軟性，責任感・使命感

要素Ⅲ　異文化に対する理解と日本人としてのアイデンティティー

　この他，幅広い教養と深い専門性，課題発見・解決能力，チームワークと(異質なものの集団をまとめる)リーダーシップ，公共性・倫理観，メディア・リテラシーなども必要であるとしている。

## ●作成のポイント

　序論，本論，結論の三段構成で論じる。

　序論では，設問に応え，世界のグローバル化とはどのような社会を指すのか，学校教育でどのような資質や能力をもった人材を育成する必要があるのかについて整理して述べる。具体的な経験を踏まえて，説得力のある論述にすることが必要である。

　本論では，グローバル化した社会を支える人材の育成にどのように取り組むかという方策について，2～3つの視点から論述する。その方策は，文部科学省が整理している「グローバル人材に求められる資質」

の要素の中から選択するとよいだろう。ただし，単なる抽象論ではな
く，自分が志望する校種や専門とする教科に即した具体的な教育活動
を述べることが重要である。

　結論は，本文で書けなかったことにも触れながら，社会人や講師と
しての経験を生かし，これからの日本を担っていくグローバル人材を
育成していくという決意を述べてまとめとする。

# 2019年度　論作文実施問題

【全校種・2次試験】　60分

## ●テーマ

次の文章を読み，今，求められる学校の役割について，自分の考えを600字以上800字以内で書け。

学校の役割を四つの視点から述べます。

学校では，国語，外国語，算数，数学，社会，理科などの教科の学習を行っています。これが第一の視点であり，文化を継承し発展させる資質・能力の開発と伸長ということです。この場合，文化を理解するための切り口を「教科」と呼んでいます。この顕在的なカリキュラムを学習指導と読んでいます。

第二の視点は，社会との同化です。様々な活動を通して，社会とは何か，構成員としてどう在るべきか，社会に必然的に存在する規範(ルール)といかに向き合うかなどを実践を通して考え，所属する集団に適応することを促しています。第三の視点は，良い自己概念の形成です。学校の究極の目標は「良い思い出をつくること」と言い切ることができます。良い思い出を作る要因は良い自己概念の形成にあり，様々な活動を通して自己成長を感得し，総じて肯定的な自己概念をもって卒業することを目指しています。第四には，社会システム(選別)との対応です。日常的に行われている選別という社会システムに対し，選別方法の集団的合意，選ばれた場合の心構え，選ばれなかった場合の合理的対応などについて，実践的に学んでいます。

第二から第四の視点は，とりわけ集団内部での他者との接し方・役割の果たし方など，潜在的なカリキュラムとしての実践の中で果たさ

れていきます。この役割に係る指導を生徒指導と呼んでいます。
> (教育時報　平成29年12月号「生徒指導に視点を当てた
> 教育連携の在り方について」)

## ●方針と分析

(方針)

　今，求められる学校の役割とは何か。生徒指導について，社会との同化及び社会システムへの適応の視点に関わらせて，600字以上800字以内で論述する。

(分析)

　設問文と課題文に示されているように，生徒指導についての理解を試す出題である。生徒指導は，学校生活の中で児童生徒自らが，その社会的資質を伸ばすとともに，さらなる社会的能力を獲得していくこと，そしてそれらの資質・能力を社会の中で適切に行使して自己実現を図りながら自己の幸福と社会の発展を追求していく大人になるために重要なものである。本設問では，特に，ルールや規範意識を身に付けて周囲と協力することの大切さ，協調性の大切さを教えること(社会との同化)，競争と選別という現実の仕組みに適合すること(社会システムとの適応)について問われている。前者についての生徒指導は，他の児童生徒の学習を妨げ学級や学校の約束を守らない際，さらに法に触れるような行為を行った際に行う注意や説諭，自他に対して危害をもたらす行為への注意喚起など，問題を未然に回避するよう促すことに関わる。また，そうした行為を心ならずも行ってしまった児童生徒に向き合い，学校や社会にうまく適応が図れるよう配慮することも含まれる。後者は，自分自身について悩み，人間関係に傷ついた児童生徒を受けとめ，次の一歩を踏み出せるよう支えていくこと，友人関係について考えること，自己の言動や生活態度をより好ましいものに高めるよう問いかけて見つめ直させることなどがある。こういった，人間性の陶冶に関する内容について，述べていくとよいであろう。

　なお，岡山県教育庁指導課から「生徒指導対応ハンドブック～暴力行為・不登校を中心として～」(平成24年3月)といった資料が出ている，ルールや規範意識の観点から参考にしておくとよいであろう。

## ●作成のポイント

　序論・本論・結論の3段落構成で論じるとよい。

　序論では，課題文を踏まえ，生徒指導の中でもルールや規範意識，社会性を身に付けるという本文中のキーワードに関わらせて，自分の意見を述べる。

　本論では，課題文中の内容から，・社会との同化及び社会システムへの適応　・学校の究極の目標「良い思い出をつくること」の2つの視点に関わらせて，生徒指導について述べる。規範意識と社会性を身に付けさせることに力を入れることは学校の役割であるという点は外さないようにすること。

　結論では，今までの内容を簡単にまとめ，教師として生徒指導に対して真摯に関わっていきたい旨を述べて仕上げるとよい。

　字数は，序論は150～200字前後，本論は400～500字前後，結論は150～200字前後が目安となる。

## 2018年度　論作文実施問題

**【全校種・2次試験】60分**

## ●テーマ

　次の文章を読み，これからの社会を生きる子どもたちの学びについて，自分の考えを600字以上800字以内で書け。

　「深い学び」とは，資質・能力が関連付いたり，組み合わさったりして「つながり」をもつこととイメージしてみよう。その際の重要なポイントは資質・能力の活用・発揮ではないか。

　例えば，知識・技能は，活用・発揮することで他の知識・技能などとつながりネットワーク化され生きて働く状況となる。そこでは，知識・技能が関連付いて概念化され，連動して一体化され「しっかり」する。また，身体や体験などとつながり一つ一つが「はっきり」する。あるいは，多様な視点から捉え直され「くっきり」する。

　思考力・判断力・表現力等も，活用・発揮することで，活用場面などとつながり，いつでもどこでも自在に使える，汎用性の高い，未知の場面でも対応できる資質・能力として育成されるのではないか。

　学びに向かう力・人間性等は，学びの意義を実感し，心地よい手応え感覚とつながり人生や社会に生かせる安定的で持続的な資質・能力となることが期待できる。

　「つながり」が「深い学び」をイメージする一つの鍵を握る。

(中等教育資料　平成29年4月号　「深い学び」)

## ●方針と分析

(方針)

　課題文から，これからの社会を生きる子どもの「深い学び」に関して「つながり」の重要性を読み取り，「深い学び」を実現するための取り組みを具体的に論述する。

(分析)

　平成29年3月に告示された新学習指導要領では，これからの社会を生きる子供たちに育成すべき資質・能力として，「生きて働く知識・技能」「思考力，判断力，表現力等」「学びに向かう力・人間性等」の3つを掲げている。そうした資質・能力を育成するために，学校の教育活動では「主体的・対話的で深い学びの実現に向けた授業改善を通して，創意工夫を生かした特色ある教育活動を展開する」ことの重要性が示されている。

　また，平成28年2月に策定された第2次岡山県教育振興基本計画では，「育みたい資質能力(第1章　2)」の中で「学ぶ意欲・確かな学力」を掲げ，確かな学力とともに，社会の変化に対応し，新しい時代を生き抜いていくことができる力を育むこと，その際，知識の量だけでなく，思考力，表現力等の育成や，言語活動を充実する教育を進めることが重要であるとしている。

　これらのことを踏まえて課題文を読むと，これからの社会を生きる子どもに身に付けさせるべき資質・能力を育成するための「深い学び」を実現するためには，新学習指導要領が示している「生きて働く知識・技能」「思考力，判断力，表現力等」「学びに向かう力・人間性等」のいずれも，他の知識・技能や活用場面等との「つながり」が重要であると主張していることが分かる。したがって，学校教育で「深い学び」を実現するために，どのような「つながり」を取り入れた教育活動を行っていくのかを論述することが必要となる。その視点としては，先の教育振興基本計画が示している，「学習意欲や学級集団の意識の向上，学び合う集団の育成」といった記述が参考になる。

## ●作成のポイント

　序論・本論・結論の3段落構成で論じる。

　序論では，子どもたちの学びに関する「深い学び」を実現させるための「つながり」の重要性について，課題文を踏まえて150字程度で論じる。その際，「深い学び」が求められる社会的背景や新学習指導要領の記述などに論及することで説得力のある論述となる。ここで述べた内容が，本論で述べる具体的な取り組みにつながることから，本論の内容を見通した論述にすることが必要である。

　本論では，実際に取り組んでいきたい教育活動を述べることになる。課題文が示している「つながり」をキーワードにして，どのような教育活動を行っていこうと考えるか，2つ程度に整理して500字で述べる。その視点としては，先の教育振興基本計画が示す「学び合う集団の育成」という視点から児童生徒の相互のつながりに着目したい。また，新学習指導要領では，「学校での学びと社会とのつながり」が重視されていることから，学校と社会のつながり，個々の児童生徒と地域の方々とのつながりなども重要となる。

　結論では，テーマである学校教育における「深い学び」や「つながり」をもう一度俯瞰的に捉え，本論で取り上げた取り組みの基盤となる考え方などに触れながら，教師としての決意あるいは自身の研修課題などを簡潔に100字～150字で述べて論文をまとめる。

# 2017年度　論作文実施問題

【全校種・2次試験】60分

## ●テーマ

　次の文章を読み，子どもたちの自己肯定感を育むためにはどうすればよいか，自分の考えを600字以上800字以内で書け。

　自己肯定感とは，自分自身を価値ある者だと感じる感覚だ。自信と言っても良いかもしれないが，単に人より優れているという感覚とは違う。誰にも長所や短所，人よりうまいと思えるところもあればそうでないところもある。それら全てを含めた自分，ありのままの自分を好きだと感じ，自分を大切に思える気持ちが自己肯定感だ。他者との比較ではなく，無条件的なもので，生きていくための大きな力となる。

　日本をはじめ韓国，アメリカ，イギリス，ドイツ，フランス，スウェーデンの七カ国の満13〜29歳の子ども・若者を対象とした意識調査をまとめた内閣府資料「平成26年版　子ども・若者白書」によると，自己肯定感の項目で「自分自身に満足している」の問いに対し肯定的な回答は，アメリカ86.0％，イギリス83.1％，韓国71.5％に比べ，日本は45.8％と，七カ国中最も低い。また，「自分には長所がある」についても，日本は最も低い。日本人の美徳としての謙虚さなのか，本当に自信がないのか，いずれにしても日本の子どもたちはもっと自信を持って良いはずだ。

　自己肯定感が低いと，自信のなさから他人を認めることができず，良好な人間関係を築くことが難しくなる。他人の顔色をうかがい，他人が自分のことをどう思っているかがとても気になってしまう。そんな不安定なものを拠り所にしていると，不安な気持

> ちで毎日を過ごしていかなければならない。
>
> (教育時報　平成27年8月号　「自己肯定感を育む」)

## ●方針と分析

(方針)

　課題文から子どもたちの自己肯定感に関する現状と課題を読み取り，これを育むための取り組みを具体的に論述する。

(分析)

　「地域の中で輝く中高生の出番づくり〜地域への愛着心・自己肯定感の向上をめざして〜(提言)」(平成28年3月，岡山県社会教育委員の会議)では，地域社会や教育をめぐる現状と課題を分析する中で，「岡山県でも多くの子どもは人の役に立ちたいという気持ちが高いということから，それを実現し人に役立つ経験をすることによって，自分の存在や役割を肯定的に捉え，自己肯定感が高まっていくのではないかと考えられます」と仮定し，事例研究から「地域の大人に期待され，賞賛されることによって，中高生は，自分の存在や役割を肯定的に捉え，自己肯定感が向上する」ことを明らかにした。本問は，この内容を踏まえた出題と思われる。ただし，本問では課題文をとおして自己肯定感についての現状と課題をまとめた上で，学校教育に考えを寄せて取り組みをあげる必要がある。課題文の最初の段落に「自己肯定感とは，自分自身を価値ある者だと感じる感覚」とある。そしてそれは「生きていくための大きな力」とある。また，第3段落に「自己肯定感が低いと，自信のなさから他人を認めることができず，良好な人間関係を築くことが難しくなる」とも書かれている。ここから考えられることは，子どもたちに自分自身に対しネガティブな考えを持たせないためにはどうすればよいかということであろう。ここで，子どもたちに期待する，賞賛することを通して自己肯定感を育む取り組みを考える必要がある。また，教師も自分自身をポジティブにとらえ，それを

言葉と態度で表明する必要があるだろう。

## ◆作成のポイント

　序論・本論・結論の3段落構成で論じるとよい。段落相互の関係に矛盾がないかを確認しながら書く必要がある。

　序論では，課題文を踏まえて，子どもたちの自己肯定感に対する自分の意見を述べる。ここで書く内容が，本論で述べる具体的な取り組みと矛盾がないように気を付けなければならない。また，本論が中心となるので，あまり多く書き過ぎないように注意する必要がある。

　本論では，実際に取り組んでいきたいことを述べる。ここでは「自己肯定感を育むため」の具体的な取り組みを書くのである。なお，前出の提言では具体的な取り組みとして，携帯・スマホの問題について中学生が「身近なお兄さんお姉さん」として小学生にアドバイス(中学校での取り組み)，キャリア教育につながる地域活動(高等学校での取り組み)などがあげられていた。これらを参考に考えてみるとよいだろう。

　結論では，今までの内容を簡潔にまとめ，最後に教師としての決意を書いて仕上げるとよい。ただし，本論までで述べた内容と異なることを書いてはいけない。序論から結論まで一貫した考え方を示すことが大事になってくる。

## 2016年度　論作文実施問題

【全校種・2次試験】60分

## ●テーマ

> 次の文章を読み，自分の考えを600字以上800字以内で原稿用紙に書け。

「子ども(相手)の立場に立って，その心理的事実を受容・共感し，大人(教師)の立場に戻って支援・指導を行う」。教育相談の基本姿勢を問われたら必ずこう答えます。

「どんなに悪いことをしてしまった子どもであっても，そうせざるをえなかった気持ち(心理的事実)は，ありのままに受け止めよう。しかし，非なる行いに対しては『ならぬことはならぬもの』との姿勢を崩してはならない」。

このような姿勢であれば，「表面的な反省を求める指導」の前に，反発や苦しみ等の気持ち(心理的事実)を十分吐き出させようとするでしょう。自らの責任の取り方を考えさせるのは，その後です。

これに「バランスのとれた安定化・社会化機能」が続きます。学校も家庭も，子どもに愛情を注ぐ(安定化)ことと，躾ける(社会化)という二つの機能をもっています。この二つの機能を二軸に取ると，保護者(教師)の姿勢四類型が得られます。教育相談が目指すのは，児童生徒一人一人を「かけがえのない存在」として愛情深く，温かく見守りながらも，「ダメなことはダメ」と自らの責任を果たせるよう支援することです。

教育相談の先人たちは，「子どもの前に壁として立つ」「菩薩と明王」「母性と父性」「関与する」「正対する」等，様々な表現をしています。

「ふだんは優しいけど悪いことをしたら厳しく叱ってくれる」。子ど

22

もたちはより簡潔に説明してくれます。

　この他にも，良い点を積極的に評価する(肯定的評価)，共に汗したり歓んでくれるなど，「大好きな先生像」には共通点が多く見られます。いずれも，教育相談の基本姿勢として大切にしたいものばかりです。

(教育時報　平成26年12月号　「学校教育相談の充実を目指して」)

## ●方針と分析

(方針)

　まず文章の要旨をまとめ，それに沿って自分の考えを述べる。

(分析)

　このような課題文がある場合は，文章の要旨に沿った自分の考えが求められる。自分の考えを好き勝手に書いてはいけないということに留意する。本文の内容は，悪さをしてしまった子どもに対して，どのように接するべきかについてである。心理的事実はありのままに受け止めても，非なる行いに対しては「ならぬことはならぬもの」という姿勢を崩してはならないと述べている。これに対して，否定的な見解をすることはないだろう。この内容を土台として，自分ならではの考えが示せる部分を探す必要がある。最終段落に「大好きな先生像」ということが書かれているが，これならば，自分ならではの意見がいえるのではないだろうか。本文には「肯定的評価」「共に汗したり歓んでくれる」と2つの例があげられているが，他にもたくさん考えられる。自身が教師として，どのような「教師像」を描いているかを書いてもらいたい。そして，それを実現するための具体的な取り組みを書くことも忘れてはならない。岡山県・岡山市が求める教師像「意欲ある先生」の具体像(たとえば「高い倫理性と豊かな教育的愛情を持ち，自ら模範となって子どもたちを導いていく人」，「子どもたちの課題を的確に把握し，個に応じたきめ細かい指導を継続できる人」など)と関連付けて論述を展開してもよいだろう。

23

# ●作成のポイント

　　序論・本論・結論の3段構成で書くとよい。大事なのは，前に書いた内容と矛盾しないことである。読み直しをする際は，それを意識すること。

　　序論では，本文の要旨をまとめる。要旨は簡潔に書くこと。長くなってしまうと，まとまりがない印象を与えてしまうだけでなく，本論にさく文字数が減ってしまう。

　　本論では，序論で述べた筆者の要旨を踏まえて，自分の考えを述べる。そして，その後に自分ならどのようなことを取り組むかを書く。本文のテーマは「理想の教師」になるには，ということなので，どうすればそれに近づくことができるのかを考えてみるとよい。取り組みたいことは1つでも複数でもあげてよいが，なぜそれを取り組みたいのか，理由を書くことも忘れないこと。児童生徒を取り巻く環境が理由の1つになることも考えられる。

　　結論では，今までの内容を簡潔にまとめ，教師としての決意を述べる。今回の決意は，「大好きな先生像」，「理想の教師」に関しての決意を述べると，課題文にあったものになる。今まで書いてきたものと矛盾していないか確認することも忘れてはならない。

# 2015年度　論作文実施問題

【全校種・2次試験】　60分

## ●テーマ

次の文章を読み，自分の考えを600字以上800字以内で書け。

　子どもたちにとっての「学級」も，「授業の場」だけでなく「生活の場」でもある。つまり同じ集団で勉強をするだけでなく，その集団で給食をとり，一緒に遊び，清掃もし，遠足にも行くのである。言い換えれば，子どもたちにとっての学級とは，「共学」，「共遊」，「共働」の場なのである。

　それは，社会と同じである。自分と気の合う人とだけ暮らしたり働いたりできる場でも，責任や協力がいらない場でもない。つまり，多様な子どものいる学級はやはり多様な人間が一緒に生活する社会そのものなのである。

　(中略)

　我が国では，学級を社会に出て行くための訓練の場としての「小社会」と捉え，役割を分担し，人と人とがよりよくつながりながら共に学び，共に働けるような学習や生活を大事にしてきたのである。

　昨今では，このような教育観について十分に理解できない教師も増えつつある。そこで，改めて学校ではなぜ，効率優先ですべての授業を習熟度別学習にしてこなかったのかについて考えてもらいたい。また，なぜ，時間をかけて運動会や合唱コンクールに取り組めるようにしてきたのか，なぜ，給食や清掃などの役割を子どもたちが分担して自分たちで行えるようにしてきたのかなど，日本型教育の意義について再確認してもらいたいのである。

> 花を支える枝
> 枝を支える幹
> 幹を支える根
> 根はみえねんだなあ

　これは詩人であり書家でもある相田みつを氏の作品(『にんげんだもの』文化出版局　相田みつを)である。私は，これを学校教育の視点から見た場合，「幹を支える根」のあとに「根を支える土壌」を付け加えたいと思う。つまり，教師がよりよい土壌(集団)をつくることができてこそ，美しい花(よりよい子ども)が育つと考えたいのである。

　　(「教育時報」平成26年4月号　心を育てる学級づくり，心を育てる教師力)

# ●方針と分析

(方針)

　課題文を踏まえ，学校において子どもを教育する意義について述べる。

(分析)

　教育観についての考えを問う設問である。筆者の教育観は「生活の場」「小社会」「共学」「共遊」「共働」という言葉に表現されている。それは，運動会や合唱コンクールなどの学校行事，給食や清掃などの共同作業を大事にする教育であり，「日本型教育」であるとしている。一方，筆者の教育観に対立する言葉として「習熟度別学習」をあげ，それは「効率優先」であるとしている。筆者の言うように，学校教育には様々な教育活動があり，教師は授業だけをやっているわけではない。それら様々な教育活動についての意義を理解することは大切なことである。さらにこのことは，「学力」とは何かという問題にもつながっていく。

　以上の読み取りを踏まえた上で，岡山県が目指す学校教育像を織り込みながら論文を作成したい。岡山県では，平成26年4月から始めて

いる総合計画「晴れの国おかやま生き活きプラン」において「教育県岡山の復活」を重点戦略の第一に掲げ，これを学力向上プログラムと徳育推進プログラムの2本柱で取り組んでいる。この場合の学力向上には，学校・家庭・地域での学習環境の整備や教師の教える技術の向上なども含まれる。また，岡山県教育委員会教育長から教職員向けのメッセージでは，教育に携わる者の努めを「知・徳・体を兼ね備え，将来の夢や目標に向かい挑戦する意欲や粘り強く取り組む力，郷土や社会の発展に貢献できる態度を身に付けた人材の育成」としている。このように，岡山県では知育・徳育に力を入れていることから，徳育に関する言及は必ずしておきたい。

## ●作成のポイント

　まず，筆者の主張についてまとめておきたい。筆者の主張には様々な側面があり，そのすべてにわたって述べるのは字数の関係上難しいので，受験生の関心や考え方に沿ったかたちでまとめればよい。200字〜300字程度でまとめたい。

　その上で，自分の考えを述べることになる。「学力」にポイントを置いてもいいだろうし，「学校生活」について重点的に述べてもよいだろう。「習熟度別学習」についても様々な意見があるし，そのことについて自分なりの考えを述べてもよい。ただし，徳育に対する考えを示しながら，「どんな子どもに育てるのか」という軸だけははずさないようにしたい。400字〜500字程度で述べる。

　最後に，ここまでで述べた教育観を実現するために，自分はどんな教師になりたいかなどの抱負を100字程度でまとめたい。

## 2014年度　論作文実施問題

【全校種・2次試験】

## ●テーマ

> 次の文章を読み，自分の考えを600字以上800字以内で原稿用紙に
> 書け。

　今は年齢の小さい子ども達も，だんだん大きくなっていきます。大きくなるにつれて，私たちが昔そうであったように，何でも自分でしたがるようになってきます。自分で何かをしようとしたときに求められるのは，周囲にある情報を手がかりに状況を読み取り，それを元に自分の行動を整えていく力と，必要に応じて他者に助けを求める力です。

　子どもがいずれそうなっていくことを見越して，基本となるスキルを育む支援が，その手前でなされたとします。そうしてその時期にさしかかったとき，子どもがそこを乗り越える成功体験を積み上げることができるならば，子どもは自分に対しての信頼感を深めることができます。そうして自分らしさを外に向かって表出していく自信を持つことになっていくでしょう。

　逆に，そのような準備がなされず，一人でやりたいと思う気持ちだけが空回りして，周囲の情報を活かすことができず，必要な自己決定をしていくことのできない自分を見出した時には，彼の自己肯定感は大きく傷つくことになるでしょう。

　(中略) 丸いスイカを四角いスイカに変形させるような無理な外力を子どもに加えるのではなく，子どもが伸びていくと思われる方向に空間を残し，伸びていくのを遮らないようにする工夫や，必要に応じて寄りかかれる支柱を立てておく，といったような支援のあり方が，そ

こでは求められるのかもしれません。そのためには支援者の側の「その子らしさとは何か」の理解と，その子が今後どのような道筋をたどっていくかを見通す力が，ここでも問われることになると思います。

（「教育時報」平成24年10月号　その子らしさを生かす子育て）
※試験時間60分，800字以内

## ●方針と分析

(方針)

　文章の要旨をまとめた上で自分の考えを述べ，それを踏まえて自分が今後取り組んでいくことを述べる。

(分析)

　「文章を読み，自分の考えを」としか書かれていないが，教員試験であるから，やはり「具体的に取り組んでいくこと」も書かなければならないだろう。文章は成長段階の子どもを，周りの大人はどのようにして支えていくかについて述べられている。中略以降に「伸びていくのを遮らないようにする工夫」「必要に応じて寄りかかれる支柱を立てておく」とある。前者は自分で考える機会を与える，後者は子どもが困っているときは支えるが，そうでないときは自由にさせる，ということを意味している。そして，最後の一文に「支援者の側の『その子らしさとは何か』の理解と，その子が今後どのような道筋をたどっていくかを見通す力が，ここでも問われる」とあるように，子どもの成長には，大人側も理解と努力をしなければならないことがあるということを述べている。

## ●作成のポイント

　序論では，文章の要旨を簡潔にまとめ，そこから自分の考えを述べる。油断していると，序論だけで半分近く書いてしまうおそれもあるので，簡潔にまとめることを意識するとよい。文字量としては200字を目安にする。

　本論では，序論で示した自分の考えを踏まえて，教員として取り組

んでいくことを述べる。大人は子どもたちの様子を把握し，必要な時にすぐに助けられる体制を構築しなければならない。これは，必要でないときに無理に支えることはしないことを意味し，指導するタイミングをしっかりと見極めなければならないことも意味している。個々の児童生徒の把握の大切さがここから読み取れる。文字量としては400字程度を目安にする。

　結論は，序論と本論の内容を簡潔にまとめ，最後に教師としての決意を述べて，文章を仕上げるとよい。大切なのは，ここで，新たな考えを示すとまとまりがつかない文章になるので，注意が必要であろう。

# 2013年度　論作文実施問題

【全校種／2次試験】

## ●テーマ

> 次の文章を読み，自分の考えを600字以上800字以内で原稿用紙に書け。

　小さな失敗をして，それを自分で解決することが，「生きる力」の基礎を作る。

　「生きる力」とは，思い通りにならないときに，それを何とかしていく力である。思い通りになっているときには，何も問題はない。「生きる力」は，生きることが難しい状況に直面したときに必要になる。

　思い通りにならない状況の一つは，失敗したときである。対応できないような大失敗では，どうしようもない。対応できるような小さな失敗が貴重なのは，それに対応することで「生きる力」が獲得できるからである。

　(中略)

　現在，私たちは決められたとおりにやらないと結果が得られない「自動化機械」に囲まれている。テレビを見るために，決められたボタンを押す。洗濯は，洗濯物を入れて決められた操作をすると，洗いからすすぎ，脱水，乾燥と自動的に進んでいく。ご飯を炊くには，決められた手順で電気炊飯器をセットすると，時間になると炊きあがっている。

　自分で工夫する余地の少ない環境。便利ということは，自分ではなるべく何もせずに短時間で求める結果が得られることなのだ。結果重視の価値観が，物の形となって私たちを取り囲んでいる。

　生きるとはプロセスを生きることなのに，結果ばかりを求めている。

プロセスを楽しまない生き方が，便利さを求めてさまざまな製品を生み出している。生まれたときからこういう環境に囲まれて成長する現在の子どもたちは，自分から工夫することなく，やり方を教えてもらって効率的に結果を得ようとする姿勢が強くなりやすい。

(「教育時報」平成23年7月号　幼稚園教育の充実)

## ●方針と分析

(方針)

　平成23年7月号の「教育時報」に掲載されていた「幼稚園教育の充実」の文章を読み，教育・指導などに対する自分の考えを書く。

(分析)

　刊誌のタイトルは「幼稚園教育の充実」であるが，内容は児童・生徒の場合にも通ずるものである。今日，学校の教育活動全体を通じて「生きる力」を育成することが強調されている。「生きる力」は，激しく変化する社会にたくましく生きていく力ということができるが，生きていく中で失敗は起こり得るものであり，それに対応することを通して「生きる力」を経験的に獲得していくものである。

　また最近は，大人・親も含めて便利さを求め，忙しいことを口実にして完成品を求めたりすぐに結果を求めるという実態がみられる。大切なことはプロセスであり，子どもが大人へと成長するプロセスの中で経験を積み重ねることで思考力・想像力・判断力などが育まれるのであり，プロセスの中で起こる失敗を乗り越える経験を通して「生きる力」が育まれていくのである。

## ●作成のポイント

　論作文が課せられるのは2009年度実施試験以来である。2次試験で実施され，時間は60分であった。

　論述にあたっては，募集要項に掲げられている「テーマの把握」「具体性」「論旨の妥当性」「表現・表記」の4点の「主な評価の観点」とともに，内容を自分の志望する校種と職種に置き換えて，教育・指

導について考えを述べることが大切である。

　序論は100字程度で，この文章で何が主張されているか，評価の観点である「テーマの把握」をしてその内容を述べる。例えば「生きる力の育成」や「プロセスを重視した教育と指導」などである。

　本論は600字程度で，把握したテーマの内容に即して自分の考えを述べる。テーマでは「指導にどう生かすか」という指示はされていないが，必ず志望する校種・職種を踏まえて，教育内容，指導方法を述べる。述べるにあたって，評価の観点である「具体性」と「論旨の妥当性」に留意して，端的に「表現・表記」する。

　結論は100字以内で，把握したテーマに基づいて，自分の考える教育・指導に全力で取り組む決意を述べる。

## 面接試験　実施問題

### 2024年度　岡山県

◆個人面接・特別面接(1次試験)

※地域枠・社会人枠の志願者については，志願する枠への志望動機やこれまでの活動実績，将来取り組みたいことについて，出願者によるプレゼンテーションを含めた面接試験を実施する。

〈評価の観点〉

◎個人面接

「発言の明確さ，的確さ」「使命感，意欲的態度※」「誠実さ，社会性，協調性」

※理数枠・英語枠・地域枠・社会人枠の志願者については，志願する枠に対する「使命感，意欲的態度」

◎特別面接(特別選考の受験者)

「発言の明確さ，的確さ」「使命感，意欲的態度※」「誠実さ，社会性，協調性」「専門的力量」

※理数枠・英語枠・地域枠・社会人枠の志願者については，志願する枠に対する「使命感，意欲的態度」

▼小学校教諭　面接官2人　10分

【質問内容】

□どんな教師を目指すか。

□授業をしているクラスでケンカをする子が出た。その時どう対応するか。

□「授業がわからない！」と言う子にどう対応するか。

◆グループワーク(2次試験)　面接官2人　受験者5～6人　30分
〈評価の観点〉
　「コミュニケーション能力」「社会性，協調性」「主体性，リーダーシップ」「問題解決能力」
▼小学校教諭等・特別支援学校教諭等
【テーマ】
　あなたたちは，ボランティアサークルのメンバーです。一般の方に向けて，次のような3分間の啓発動画を作成することになりました。その内容を劇で演示しなさい。ただし，特に伝えたい対象(高齢者，20代など)を明確にし，それを劇の実演前に説明すること。
□「特殊詐欺の被害防止」
□「熱中症の予防」
□「ワーク・ライフ・バランスの推進」
※5～6人のグループで行う。
※構想は，試験についての説明を聞きながら考える。
※教室に移動して，CDの指示に従いながら試験を行う。
※話し合いと練習を17分以内に行う(残り時間7分と2分にアナウンスあり)。
※1人30秒で話す。
※受験時間によってテーマが決まっている。


▼中学校教諭等・高等学校教諭等・養護教諭
【テーマ】
　あなたたちは，ボランティアサークルのメンバーです。一般の方に向けて，次のような3分間の啓発動画を作成することになりました。その内容を劇で演示しなさい。ただし，特に伝えたい対象(高齢者，20代など)を明確にし，それを劇の実演前に説明すること。
□「SNSの適切な使い方」
□「プラスチックごみの削減」
□「ハラスメントの防止」

※受験時間によってテーマが決まっている。

◆個人面接(2次試験)

〈評価の観点〉

「発言の明確さ，的確さ」「使命感，意欲的態度※」「誠実さ，社会性，協調性」

※理数枠・英語枠・地域枠・社会人枠の志願者については，志願する枠に対する「使命感，意欲的態度」

▼小学校　面接官2人　30分

【質問内容】

□主に自己PR等から質問。

　→サークル等で責任のある仕事をしていたのか。

　→サークル等で活動をするときに，どんな立ち回りをしていたのか。

□志望理由について(端的に言うようにという指示あり)。

□初任地希望について。

□教員採用試験併願の有無の確認。

□教育実習について。

　→担当学年，クラスの様子，担任の先生について。

□理想の教師像となりたくない教師像について。

□新学期オリエンテーション(最初)で子どもたちに向けて話をしてください。

　→場面指導のようで，面接官が子ども役を務めた。

▼中学国語　面接官2人　15分

【質問内容】

□なぜ中学校を志望したのか(人間関係のトラブルを減らしたい，と答えた)。

　→そういった学級経営をどうするか。

　→どのようなことに気を付けて大学生活学んできたか。

□読書時間が少ない。どうするか。
　　→それでも少なければどうするか。
□朝読書反対だと言われたら。


▼中学音楽　面接官2人　15分
【質問内容】
□中学校の教員を目指す理由は。
□教育実習で学んだことは。
　　→エピソードは。
□生徒と関わる上で大切にしたいことは。
□保護者との関わりについて。
□後輩からどのような先輩だと思われていると思うか。
□部活動はどの部活動でも指導できるか。


◆実技試験(2次試験)
　▼小学校教諭
【課題1】
□器械運動(マット運動)
開脚前転 → 前転 → 後転 → 側方倒立回転
【課題2】
□ボール運動(バスケットボール)
　ボールをボードに当てジャンプしてキャッチ → ドリブル → レイア
ップシュート
〈携行品〉
　体育実技のできる服装，体育館用シューズ(上履きとは別のもの)
※1回お手本→1回練習→本番の流れ。
※約25人のグループ4つに分かれて，2グループずつ，①バスケ→マッ
　ト，②マット→バスケ，どちらかの順で行う。

▼中学保体
〈評価の観点〉
　「技能に対する知識・理解」「技能の習得の状況」
【課題】
□陸上競技，器械運動，球技，武道(柔道又は剣道)，ダンス
〈携行品〉
　体育実技のできる服装，体育館用シューズ(上履きとは別のもの)，屋外シューズ，柔道着(武道で柔道を選択する者)

▼高校保体
〈評価の観点〉
　「技能に対する知識・理解」「技能の習得の状況」
【課題】
□陸上競技，器械運動，球技，武道(柔道又は剣道)又はダンス
〈携行品〉
　体育実技のできる服装，体育館用シューズ(上履きとは別のもの)，屋外シューズ

▼中高音楽　面接官2人
〈評価の観点〉
　「音楽の知識・理解」「表現の技能」
【課題1】
□全訳コールユーブンゲン(第1巻)No.18〜No.35(原書番号)のうちから1
　曲，No.48〜No.59(原書番号)のうちから1曲を当日指定する。(当日，
　コールユーブンゲン：31(C)と58(b)が指定)
【課題2】
□「赤とんぼ」「早春賦」「夏の思い出」「花」「浜辺の歌」のうち，当
　日指定する歌唱教材をピアノで弾き歌いする。(当日，「浜辺の歌」
　が指定)
(各自で楽譜を持参してよい。移調も可。)

【課題3】

□アルト・リコーダーによる新曲視奏(当日,「Cdar 8分の6拍子8小節」
　が指定。)

〈携行品〉

　アルト・リコーダー


▼中高美術　60分

〈評価の観点〉

　「形態,画面構成」「明暗,配色」「テーマ性,完成度」

【課題】

□「風のイメージ」を色彩構成せよ。ただし,次の点に注意すること。

・問題用紙の他,ワークシートと画用紙を配付する。ワークシートを
　使って発想や構想し,画用紙に制作すること。2枚とも提出をし,
　評価の対象とする。

・ワークシートは,美術の授業において生徒に配布することを想定し,
　上部に発想を広げるための「問いとワークスペース」を,下部に構
　想をまとめるための「「問いとワークスペース」」を設定し,受験者
　自身もその問いにしたがって発想や構想すること。

・ワークシート最下部の□欄に,自分自身の制作した色彩構成の主題
　や表現の意図についての説明文を書くこと。

・画用紙に,A4サイズの長方形を描き,その中に水彩絵の具(ポスタ
　ーカラー等を含む)で彩色をして表現すること。

・彩色については,画面の中に1か所以上,直線で囲まれた単色平塗
　りで表現すること。また,未完成と区別するため,白い色も塗るこ
　と。それ以外の彩色方法について制限はなし。

・鉛筆,水彩絵の具(ポスターカラー等を含む)の他,コンパスや定規
　の使用の制限はなし。

・画面の縦横の制限はなし。ただし,画用紙の上部余白に受験番号を
　記入し,作品の向きが分かるようにすること。

〈ワークシート〉

| 「風のイメージ」の色面構成 | 中 | 番 |
| | 高 | |

〈発想を広げるための問い〉

○＿＿＿＿＿＿＿＿＿＿＿＿＿＿＿＿＿＿＿＿＿＿＿＿＿＿＿

〈構想をまとめるための問い〉

○＿＿＿＿＿＿＿＿＿＿＿＿＿＿＿＿＿＿＿＿＿＿＿＿＿＿＿

〈制作した色彩構成の主題や表現の意図〉

〈携行品〉

　水彩絵の具，ポスターカラー，パレット，筆，筆洗，コンパス，は
さみ，デッサン用鉛筆，練りゴム又は消しゴム，計り棒(必要とする者

のみ)，作業着(必要とする者のみ)，筆ふき用の布


▼中高家庭

〈評価の観点〉

　「被服・食物に関する技能」「材料・用具の扱い方，作業態度」

【被服課題1】3分

□被服実技の実施にあたり，安全面から作業環境の整備について，どのような点に特に留意すべきか端的に記入せよ。

【被服課題2】20分

□配布された布を使用して，机上の本のカバーを作成せよ。ただし，次の条件を満たし，生徒の見本としてふさわしいものにすること。

　条件1　作成にあたり，次の縫い方をどこかに含んでいること。

　　　　　※糸はすべて一本どりとする。

　①なみ縫い　②まつり縫い　③返し縫い　④ボタン付け

　条件2　条件1の④は糸足を付けること。

【食物課題1】1分

□机上に示す2つの食品を目測し，その重量を記入しなさい(食品には手を触れないこと)。

| A | B |
|---|---|
| g | g |

【食物課題2】20分

□調理台の材料のうち，必要なものを使って，「涼拌絲」(一人分)を作り，指定の器に提出しなさい。台の上の材料は，きゅうり30g，卵25g，ハム10gである。

　また，「涼拌絲」のための「かけ酢」(一人分)を作り，指定した器に提出しなさい。さらに，使用した調味料等の分量を下記の表に概量で記入しなさい。使用しなかったものについては，空欄でよい。

| | 調味料 | 概量 |
|---|---|---|
| 記入例 → | 酒 | 大さじ1／2 |
| | さとう（上白糖） | |
| | 塩 | |
| | サラダ油 | |
| | ごま油 | |
| | しょうゆ | |
| | 酢 | |

〈携行品〉

　裁縫用具，調理のできる服装

▼高校書道　60分

〈評価の観点〉

　「字形」「構成」「線質」「表現力」

【課題1】

□次の古典【一】を半紙に，【二】を半紙(タテ2分の1)に臨書せよ(いずれも紙は縦長に使用すること)。

【三】関戸本古今和歌集

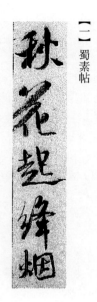

【二】蜀素帖

【課題2】

□次のことばを半切3分の1に，漢字仮名交じりの書で創作せよ。(紙の向きは自由。ただし，漢字，仮名の変換は認めない。)

「蝶の道まちがいきって美しや」

【課題3】

□次の①漢字，②仮名のいずれか一つを選び，半切に創作せよ。(いずれも紙は縦長に使用すること。なお，①漢字については，書体，書風，構成は自由とし，②仮名については，漢字と仮名の変換，変体仮名の使用，書風，構成は自由とする。)

① 漢字

　　月色横分窓一半秋聲正在樹中間

② 仮名

　　奥山にもみぢふみわけなく鹿の聲聞くときぞ秋はかなしき

◆模擬授業・口頭試問(2次試験)

※養護教諭受験者には，模擬場面指導・口頭試問を実施する。

〈評価の観点〉

「児童・生徒の理解」「教科指導(保健指導)に関する知識・技能の保有」「使命感，教育的愛情」「意欲的態度，誠実さ，社会性，協調性」「発言の明確さ，的確さ」

▼小学校教諭　面接官2人　30分

【課題】

□国語『熟語の構成』か算数『ものの重さ』の1つを選択

※3分間で単元を選び，構想する(置いてある鉛筆とメモ用紙を使う)。

※6分間で授業。

※面接官が児童役をする。

【質問内容】

□「ノートを忘れた」「なんで，その勉強をするの」など，児童役の面接官から途中で発言あり。

□このあとの授業の流れは。

□めあてを設定した理由は。

□まとめをどうするか。

□授業の反省点はあるか。

【口頭試問(場面指導)】

□出張から戻ったとき，職員室がざわついていました。あなたはどうしますか。

　→あなたのクラスの話をしていた場合，どう行動しますか。

□あなたのクラスの児童が上ぐつがないと言ってきました。帰るまでに見つかりましたが，ごみ箱に捨てられていました。あなたはどうしますか。

　→保護者の方が心配して連絡してきました。どうしますか。

　※「時間が限られているので手短に答えてください」といった指示あり。

▼小学校教諭　面接官2人　受験者1人　20分

【課題】

□算数か社会(教科書の見開きが1枚ずつ)どちらかを選択

【質問内容】

□「火事のとき，どういう人が働いている？」など，面接官が児童役
　になって説明を求めてきたり，発表してきたりする。

□授業のめあての設定の意図は。

□この後の授業の流れは。

【口頭試問(場面指導)】

□「勉強したくない！」という子にどう対応しますか。

□「わからない」を言えない子にどう対応しますか。


▼中学国語　面接官2人　15分

【課題】

□学習指導要領の「文章の種類を選択し，多様な読み手を説得できる
　ように論理の展開などを考えて，文章の構成を工夫すること」とい
　った一節が与えられ，これに沿った授業を行う。

　※4分で構想する。

【口頭試問(場面指導)】

□副詞と連体詞は何が違うのか生徒に聞かれた際，どう説明しますか。

　※2分で構想，2分で実演。

　※ホワイトボードを使ってよい。


▼中学音楽　面接官2人　15分

【課題】

□「赤とんぼ」1時間目の導入。1年生か2年生を想定して，生徒の興
　味・関心を引き出すような授業を考えてください。

　※3分構想→6分実施。

【質問内容】

□今の授業で大切にしたいことは。

□授業のこの後の展開は。

□変声期についてどう指導するか。

## 2024年度　岡山市

◆集団活動(1次試験)

〈評価の観点〉

「コミュニケーション能力」「社会性，協調性」「主体性」

▼全校種

【テーマ】

□みなさんは，生活をさらに豊かにする商品の開発に成功しました。その商品は，世間があっと驚くような「調理に関する商品」です。その商品のCMを考えて，発表してください。

□みなさんは，生活をさらに豊かにする商品の開発に成功しました。その商品は，世間があっと驚くような「防災に関する商品」です。その商品のCMを考えて，発表してください。

□みなさんは，生活をさらに豊かにする商品の開発に成功しました。その商品は，世間があっと驚くような「スポーツに関する商品」です。その商品のCMを考えて，発表してください。

□みなさんは，生活をさらに豊かにする商品の開発に成功しました。その商品は，世間があっと驚くような「飲食に関する商品」です。その商品のCMを考えて，発表してください。

□みなさんは，生活をさらに豊かにする商品の開発に成功しました。その商品は，世間があっと驚くような「防犯に関する商品」です。その商品のCMを考えて，発表してください。

□みなさんは，生活をさらに豊かにする商品の開発に成功しました。その商品は，世間があっと驚くような「健康に関する商品」です。その商品のCMを考えて，発表してください。

□みなさんは，生活をさらに豊かにする商品の開発に成功しました。その商品は，世間があっと驚くような「掃除に関する商品」です。

その商品のCMを考えて，発表してください。

□みなさんは，生活をさらに豊かにする商品の開発に成功しました。その商品は，世間があっと驚くような「学習に関する商品」です。その商品のCMを考えて，発表してください。

▼小学校教諭　面接官2人　受験者5人　30分

【課題】

□みんながあっと驚くような商品の開発に成功しました。その商品は飲食に関する商品で生活を豊かにするものです。その商品を紹介する60〜90秒のCMをつくってください。

　※〈進め方〉話し合い(25分)→発表(60〜90秒)(全員で寸劇の形で)→感想(1人30秒)

◆特別面接(1次試験)

　※社会人特別選考，教職経験者特別選考受験者は，第1次試験で特別面接を行い，その他の1次試験は免除とする。

〈評価の観点〉

　「コミュニケーション能力」「意欲的態度，使命感」「教育的愛情，向上心」「社会性，協調性」

◆個人面接(2次試験)

〈評価の観点〉

　「コミュニケーション能力」「意欲的態度，使命感」「教育的愛情，向上心」「社会性，協調性」

▼小学校教諭　面接官2人　20分

【質問内容】

□志願理由について。

□中学・高校での部活について。

□教育実習について。

　→大変だったことは。

　→印象に残っている授業は。

□周りからの印象について。

□今までの人生での挫折について。

□他の人に負けない強みは。

□まだ足りていないと思う能力は。

□ストレス発散方法は。

□不合格だったらどうするか。

□車の免許はもってるか。


▼小学校教諭　面接官2人　20分

【質問内容】

□なぜそこの自治体を受けようと思ったのか。

□自分の失敗したこと，苦労したこと。

□出身じゃない場合，周りに頼れる人はいるのか，何か縁があるのか。

□もし落ちてしまったらどうするか。


◆実技試験(2次試験)

　※小学校(英語枠，小中連携推進枠，特別支援教育推進枠を含む)において，実技試験は廃止となった。

　※中学校(小中連携推進枠，特別支援教育推進枠を含む)においては，出願した教科の実技試験を受験すること。

　▼中学音楽

〈評価の観点〉

「技能及び表現力」

【課題1】

□ピアノによる弾き歌い

　　学習指導要領に示された歌唱共通教材「赤とんぼ」「荒城の月」「早

春賦」「夏の思い出」「花」「花の街」「浜辺の歌」のうち，当日指示する1曲を，前奏付きで2番まで演奏する。

※当日，楽譜が必要な者は各自持参する。移調も可。

【課題2】

□アルトリコーダーによる新曲視奏

〈携行品〉

　アルトリコーダー


▼中学美術

〈評価の観点〉

　「技能及び表現力」

【課題1】

□デッサン

【課題2】

□立体造形

〈携行品〉

　ポスターカラー，パレット，筆，筆洗，定規，コンパス，はさみ，カッターナイフ，デッサン用鉛筆，練りゴム又は消しゴム，筆ふき用の布，マスキングテープ，作業のできる服装


▼中学保体

〈評価の観点〉

　「技能の習得状況」

【課題1】

□器械運動　マット運動，跳び箱運動

【課題2】

□球技　ゴール型，ネット型，ベースボール型のいずれか1種目を当日指定

【課題3】

□武道　柔道，剣道のいずれか1種目を出願時に選択

【課題4】

□ダンス　創作ダンス

〈携行品〉

　体育実技のできる服装，体育館用シューズ(上履きとは別のもの)

▼中学技術

〈評価の観点〉

　「技能及び工夫し創造する能力」

【課題】

□製品の製作

〈携行品〉

　作業のできる服装，筆記用具

▼中学家庭

〈評価の観点〉

　「技能及び工夫し創造する能力」

【課題】

□布を用いた制作

〈携行品〉

　裁縫道具，筆記道具

◆模擬授業・口頭試問(2次試験)

〈評価の観点〉

　「教科指導(保健指導)に関する知識・技能の保有」「児童・生徒の理解」「柔軟性」「コミュニケーション能力」「教育的愛情，向上心」

▼小学校教諭　面接官2人　受験者1人　20分

【課題】

□社会か算数(小1「ふえるといくつ」)どちらかを選択

※3分構想，7分模擬

※展開かまとめを選ぶ。

※面接官の人が子ども役をやってくれるので，問い(質問)は面接官の人にして答えてもらう形式。聞いたらきちんと答えてくれ，問題行動等はなかった。

## 2023年度　岡山県

◆個人面接・特別面接(1次試験)

※地域枠・社会人枠の志願者については，志願する枠への志望動機やこれまでの活動実績，将来取り組みたいことについて，出願者によるプレゼンテーションを含めた面接試験を実施する。

〈評価の観点〉

◎個人面接

「発言の明確さ，的確さ」「使命感，意欲的態度※」「誠実さ，社会性，協調性」

※理数枠・英語枠・地域枠・社会人枠の志願者については，志願する枠に対する「使命感，意欲的態度」

◎特別面接(特別選考の受験者)

「発言の明確さ，的確さ」「使命感，意欲的態度※」「誠実さ，社会性，協調性」「専門的力量」

※理数枠・英語枠・地域枠・社会人枠の志願者については，志願する枠に対する「使命感，意欲的態度」

▼小学校　面接官2人　10分

【質問内容】

□小学校の志望理由。

　→良さや個性を伸ばすには。

□同僚とうまくやっていくには。

　→年上の先生とうまくやっていくには。

□教育実習に行ったか。

　　→何年生をもったか。

　　→その学年を持ったと仮定して，そのクラスがルールを守らないク
　　　ラスだったらどうするか。

　　→その後はどうするか。

□実習の担当クラスにルールを守らない子はいたか(いなかったと答え
　た)。

　　→そのようなクラスにするためにはどうすればよいか。

▼小学校　面接官2人　10分

【質問内容】

□なぜ小学校なのか。

□教員として活躍するために努力していることは。

□命の大切さを児童に伝えたいがなかなか上手くいかない。どうする
　か。

□読書の大切さとは。

　　→読書のメリットは。

▼中学国語　面接官2人　10分

【質問内容】

□校種・教科志望理由は。

□子どもとの信頼関係を作るためには。

□先生同士の信頼関係を作るためには。

□「なんで勉強しなければいけないの？」と聞かれた時，どう対応す
　るか。

□大事な話を聞いていない生徒にはどう対応するか。

・すべてにおいて追質問を2，3個される。

▼高校生物　面接官2人　15分

【質問内容】

□高等学校の教員を志望する理由は。

　　→そのために努力していることは。

□今の子どもにどんな課題があるか。

　　→なぜそのようになってしまっているか。

□スマホ依存症の子どもにどのように対応するか。

・追質問がとても多い。3〜4段階まで自分の考えを普段から持っておくとよい。


▼特別支援　面接官2人　10分

【質問内容】

□特別支援学校教員を目指した理由は。

□変化の激しい時代に教師として身につける力とは。

□知的障害者の子どもに対する言葉の指導はどうすればいいか。

□保護者から「この子とは合わないからクラスを変えてほしい」と言われたら，どう対応するか。

　　→その答えに保護者が納得できないと言われたらどうするか。


◆グループワーク(2次試験)

〈評価の観点〉

　「コミュニケーション能力」「社会性，協調性」「主体性，リーダーシップ」「問題解決能力」

▼小学校教諭等

【グループワーク課題】

□第3次岡山県教育振興基本計画の中には，次のような内容があります。

　　「確かな学力とともに，社会の変化に対応し，新しい時代を生き抜いていくことができる力を育みます。」

　　あなたたちのグループは，次のキーワードを具体的にはどのようなものと考えますか。グループで考えをまとめ，その内容を代表者が1分以内で説明しなさい。

●「新しい時代を生き抜いていくことができる力」

□第3次岡山県教育振興基本計画の中には，次のような内容があります。

　「他者への優しさ，思いやりなどを持って，心豊かに生きることができるとともに，法や社会のルール，マナーを守って適切に行動できるよう，道徳性や規範意識，自尊感情，自制心など，社会人として必要となる基礎的な資質能力を育みます。」

　あなたたちのグループは，次のキーワードを具体的にはどのようなものと考えますか。グループで考えをまとめ，その内容を代表者が1分以内で説明しなさい。

●「社会人として必要となる基礎的な資質能力」

□第3次岡山県教育振興基本計画の中には，次のような内容があります。

　「自分の利益や幸福の追求だけでなく，自らが社会の一員として生きていることを踏まえ，社会をより良くするために積極的に行動する高い志を育むことが大切です。」

　あなたたちのグループは，次のキーワードを具体的にはどのようなものと考えますか。グループで考えをまとめ，その内容を代表者が1分以内で説明しなさい。

●「社会をより良くするために積極的に行動する高い志」

※控え室で約10分個人構想(メモ可)→はじめ30秒ほどで1人ずつ意見発表→15分間討論→代表者が1分間発表という流れ。

※代表者だからといって加点はない。

※残り10分，3分にアナウンスあり。

※15分の中で，発表内容と代表者も決める。

▼中学校教諭等・高等学校教諭等・特別支援学校教諭等・養護教諭
【グループワーク課題】

□第3次岡山県教育振興基本計画の中には，次のような内容があります。

「キャリア教育や様々な社会体験等を通して，自分の将来の生き方について考えるなど，望ましい勤労観や職業観を育みます。」

あなたたちのグループは，次のキーワードを具体的にはどのようなものと考えますか。グループで考えをまとめ，その内容を代表者が1分以内で説明しなさい。

● 「望ましい勤労観や職業観」

□第3次岡山県教育振興基本計画の中には，次のような内容があります。

「円滑な社会生活を営むことができるよう，コミュニケーション能力，発信力や協調性を育み，学校・家庭・地域・職場等で豊かな人間関係を築くことができる人間性を育成します。」

あなたたちのグループは，次のキーワードを具体的にはどのようなものと考えますか。グループで考えをまとめ，その内容を代表者が1分以内で説明しなさい。

● 「豊かな人間関係を築くことができる人間性」

□第3次岡山県教育振興基本計画の中には，次のような内容があります。

「社会の一員として自分が果たすべき役割を自覚し，より良い社会づくりに参画していこうとする意欲や，互いに助け合って，課題解決に向け積極的に社会に貢献する態度を育むための教育を推進します。」

あなたたちのグループは，次のキーワードを具体的にはどのようなものと考えますか。グループで考えをまとめ，その内容を代表者が1分以内で説明しなさい。

● 「課題解決に向け積極的に社会に貢献する態度」

※「10分個人で考える」＋「15分討論」＋「1分代表者が『まとめ』を

　　発表」という流れ

※必ずしも司会を立てなければいけないというわけではない。

※時間管理(討論開始，終了，発表開始など)は全て放送で行われた。


◆個人面接(2次試験)

〈評価の観点〉

　　「発言の明確さ，的確さ」「使命感，意欲的態度※」「誠実さ，社会性，協調性」

※理数枠・英語枠・地域枠・社会人枠の志願者については，志願する枠に対する「使命感，意欲的態度」

▼小学校　面接官2人　20分

【質問内容】

□小学校の志望理由。

　　→どのような学級にしたいか。

□児童が喧嘩をして，お互いが「自分は悪くない」と言っていたらどうするか。

　　→それでもだめならどうするか。

□僻地に勤務可能か。

□卒論の内容について。

　　→研究動機について。

　　→教師になってどう生かすか。

□大学生活で努力したことは。

　　→アルバイトはしているか。

　　→そこで学んだことは。

□願書の「自己アピール」に書いていることについて。


▼小学校　面接官2人

【質問内容】

□自分はどんな人物だと分析しているか。

□リーダーとしての経験は。

□これまでに辛かったことは。
　→どう克服したか。
□多動の子にどう対応したか。
□英語で今の気持ちをどうぞ。
・願書に英語のスキルについて書くところがあり，少しでも記載すれ
　ば英語で答えるように言われる可能性がある。


▼中学国語　面接官2人　25分
【質問内容】
□校種・教科志望理由。
□ボランティア・実習で学んだことは。
□どんな学級をつくりたいか。
□授業中集中できない生徒への対応。
□部活指導はできるか。
□＋αで業務的な質問。
・1つの受け答えに対して，かなり深く掘り下げられる。


◆実技試験(2次試験)
　▼小学校
【課題1】
□器械運動(マット運動)
　開脚前転 → 前転 → 後転 → 側方倒立回転
【課題2】
□ボール運動(バスケットボール)
　ボールをボードに当てジャンプしてキャッチ → ドリブル → レイア
ップシュート
〈携行品〉
　体育実技のできる服装，体育館用シューズ(上履きとは別のもの)
※1回お手本→1回練習→本番の流れ。

※受験番号順に並び，1人ずつみんなに見られながら行う。

▼中学保体

〈評価の観点〉

「技能に対する知識・理解」「技能の習得の状況」

【課題】

□陸上競技，器械運動，球技，武道(柔道又は剣道)，ダンス

〈携行品〉

体育実技のできる服装，体育館用シューズ(上履きとは別のもの)，屋外シューズ，柔道着(武道で柔道を選択する者)

▼高校保体

〈評価の観点〉

「技能に対する知識・理解」「技能の習得の状況」

【課題】

□陸上競技，器械運動，球技，武道(柔道又は剣道)又はダンス

〈携行品〉

体育実技のできる服装，体育館用シューズ(上履きとは別のもの)，屋外シューズ

▼中高音楽

〈評価の観点〉

「音楽の知識・理解」「表現の技能」

【課題1】

□全訳コールユーブンゲン(第1巻)№18～№35(原書番号)のうちから1曲，№48～№59(原書番号)のうちから1曲を当日指定する。

【課題2】

□「赤とんぼ」「早春賦」「夏の思い出」「花」「浜辺の歌」のうち，当日指定する歌唱教材をピアノで弾き歌いする。

(各自で楽譜を持参してよい。移調も可。)

【課題3】

□アルト・リコーダーによる新曲視奏

〈携行品〉

　アルト・リコーダー


▼中高美術　60分

〈評価の観点〉

　「形態，画面構成」「明暗，配色」「テーマ性，完成度」

【課題】

□配布している「ドライバー」をモチーフとして，「まわす」または「とめる」という題名で平面構成をせよ。

〈注意点〉

・画用紙に，A4サイズの長方形を描き，その中に表現すること。

・モチーフの「ドライバー」は，① 見えたままの表現と，② デザイン的な表現の2つの捉え方をし，1つの画面にバランスよく構成すること。

・①の表現は，形の特徴，立体感，質感，陰影などを見えたまま描写，彩色すること。

・①の表現は，大きさもモチーフの大きさで捉えること。一部見えない部分があったり，画角からはみ出したりしてもよいが，8割程度は描くこと。

・②の表現は，単純化，省略，強調，描く個数，色彩など，表現の制限はなし。

・水彩絵の具(ポスターカラー等を含む)による彩色方法についての制限はなし。ただし，未完成と区別するため，白い色も塗ること。

・「ドライバー」以外の架空のモチーフを取り入れることの制限はなし。

・画面の縦横の制限はなし。ただし，時間内に画用紙の表面の余白に作品の主題(モチーフからどんな発想や構想したか，表現の意図など)を文章で書き，作品の向きがわかるようにすること。

・鉛筆，水彩絵の具(ポスターカラー等・を含む)の他，コンパスや定
　規の使用の制限はなし。

〈携行品〉

　水彩絵の具，ポスターカラー，パレット，筆，筆洗，コンパス，は
さみ，デッサン用鉛筆，練りゴム又は消しゴム，計り棒(必要とする者
のみ)，作業着(必要とする者のみ)，筆ふき用の布

▼中高家庭

〈評価の観点〉

　「被服・食物に関する技能」「材料・用具の扱い方，作業態度」

【被服課題】30分

□配付された布を使用して，机上のマスク(袋に入ったまま)を収納す
　るのに適するマスクケースを作成しなさい。ただし，次の条件を満
　たし，生徒の見本としてふさわしいものにすること。

　条件1　作成にあたり，次の縫い方をどこかに含んでいること。

　　　　　①なみ縫い　②まつり縫い　③かがリ縫い　④ボタン付け

　条件2　条件1の④は糸足を付けること。

【食物課題1】1分

□調理台にあるきゅうりを無駄なく使い，次の①～③に指示されたよ
　うに切りなさい。完成したものは，皿に並べて置き，提出しなさい。
　なお，廃棄予定のものも，机上のナイロン袋に入れて提出しなさい。

　　①小口切り　　　②ななめ切り　　　③せん切り

【食物課題2】15分

□次の(1)，(2)に答えなさい。

(1)　調理台にある材料を使って，「ムニエル」を作り，皿に盛り付け，
　　番号札の所に提出しなさい。

(2) 「ムニエル」の作成手順を下表の②～④に簡潔に記入しなさい。

〈材料〉
・魚(塩, こしょう済み) 1切れ
・小麦粉　適量
・バター　3g
・油　適量
・レモン(輪切り) 1切れ

〈作成手順〉

① 　魚に塩, こしょうをする。(済み)

② _____

③ _____

④ _____

⑤ 　器にムニエル, レモンの輪切りを盛り付ける。

〈携行品〉

　　裁縫用具, 調理のできる服装

◆模擬授業・口頭試問(2次試験)

※養護教諭受験者には, 模擬場面指導・口頭試問を実施する。

〈評価の観点〉

　　「児童・生徒の理解」「教科指導(保健指導)に関する知識・技能の保有」「使命感, 教育的愛情」「意欲的態度, 誠実さ, 社会性, 協調性」「発言の明確さ, 的確さ」

▼小学校　面接官2人　30分

【課題】

□「5年社会科　自動車工業(人々の願いに合わせた自動車開発)」または「4年算数　大きい数(億)」

【口頭試問　質問内容】

□授業の改善点は。

□児童役の私語を止めた理由は。

□本時で主体的な学びをするには。

□道徳教育を家庭や地域と行う時の留意点は。

□児童に安心感を与えるには。

　→どのような学級にしたいか。

□いじめを未然防止するために必要なことは。

・面接官が児童役を担当。

・流れは，面接官に説明を受ける→授業構想3分→模擬授業6分＋口頭試問約20分。


▼小学校　面接官2人

【課題】

□「水のすがた(理)」または「敬語(国)」

【口頭試問　質問内容】

□工夫したところは。

□こうしたらよかったと思うところはあるか。

□授業内容のポイントは。

□勉強が嫌いと言う子に，どう対応するか。

□クラスの子がケンカをしていたとき，どう対応するか。

・面接官が参加する。いろんな意見が出てくるので，対応するのは大変だった。反応もたくさんあったので楽しくできた。


▼中学国語　面接官2人　25分

【課題】

□中学指導要領国語　3年 話すこと，聞くこと　イ　言語活動例　ア

【口頭試問　質問内容】

□指導要領の3つの柱は。

□思考・判断・表現等の3観点について。

□古典を学ぶ意義は。

□言葉による見方・考え方とは。

□動詞の活用形が分からない生徒への対応。
□国語でどうICTを用いるか。
□うちの子だけ叱られているという保護者への対応。
□授業中集中できない生徒への対応。

▼高校生物　面接官2人　20分
【課題】
□生物基礎「血糖濃度の調節」
【口頭試問　質問内容】
□今後の展開について。
□理科ならではのICT活用方法は。
□自然免疫と獲得免疫のちがいは。
・構想3分＋授業の導入6分
・構想3分は面接官の合図だったが，導入6分は手元にタイマーがあり
　分かりやすかった。
・コピーではなく教科書が置いてあり，前後の確認ができた。

## 2023年度　岡山市

◆集団活動(1次試験)
〈評価の観点〉
　「コミュニケーション能力」「社会性，協調性」「主体性」
▼全校種
【課題】
□あなたたちは，全国展開する大型スポーツ用品店の社員という設定
　です。このたび，新たに大型スポーツ用品店を出店することになり
　ました。どのような商品を置き，どのように陳列するのか考えてく
　ださい。
□あなたたちは，全国展開するコンビニエンスストアの社員という設

定です。このたび，新たにコンビニエンスストアを出店することに
なりました。どのような商品を置き，どのように陳列するのか考え
てください。

□あなたたちは，全国展開する家具・インテリア会社の社員という設
定です。このたび，新たに家具・インテリア店を出店することにな
りました。どのような商品を置き，どのように陳列するかを考えて
ください。

□あなたたちは，全国展開するショッピングモール店の社員という設
定です。このたび，新店舗内にフードコートを設置することになり
ました。どのような店舗を出店し，どのように配置するかを考えて
ください。


▼中学数学　面接官2人　受験者4人
【課題】
□あなたはインテリア店の店員です。どのようなインテリアをどのよ
うに陳列しますか。
・追加条件として，「近くに大学がある」という設定が当日追加され
た。
・机の上にふせんとペン有り，適宜使用してよい。


◆特別面接(1次試験)
　※社会人特別選考，教職経験者特別選考受験者は，第1次試験で特別
　　面接を行い，その他の1次試験は免除とする。
〈評価の観点〉
　「コミュニケーション能力」「意欲的態度，使命感」「教育的愛情，
向上心」「社会性，協調性」

◆個人面接(2次試験)　面接官2人　20分

〈評価の観点〉

　「コミュニケーション能力」「意欲的態度，使命感」「教育的愛情，向上心」「社会性，協調性」

▼中学数学　面接官2人

【質問内容】

□教員を目指す理由。

□なぜ教育学部に進学しなかったのか。

□大学で学んだことは現場で生かせているか。

□体育の臨時免許を取得し，授業をしてみてどうか。

□保健体育の教員の立場と数学の教員の立場はどう違うと思うか。

□2学期から現場でどう頑張るか。


◆実技試験(2次試験)

　※小学校(英語枠，小中連携推進枠，特別支援教育推進枠を含む)においては，音楽と体育の両方の実技試験を受験すること。

　※中学校(小中連携推進枠，特別支援教育推進枠を含む)においては，出願した教科の実技試験を受験すること。

▼小学校教諭

　※新型コロナウイルス感染症拡大防止の観点から，「小学校・体育」と「小学校・音楽」の実技試験は中止となった。


▼中学音楽

〈評価の観点〉

　「技能及び表現力」

【課題1】

□ピアノによる弾き歌い

　学習指導要領に示された歌唱共通教材「赤とんぼ」「荒城の月」「早春賦」「夏の思い出」「花」「花の街」「浜辺の歌」のうち，当日指示す

る1曲を，前奏付きで2番まで演奏する。

　　※当日，楽譜が必要な者は各自持参する。移調も可。

【課題2】

□アルトリコーダーによる新曲視奏

〈携行品〉

　　アルトリコーダー


▼中学美術

〈評価の観点〉

　　「技能及び表現力」

【課題1】

□デッサン

【課題2】

□平面構成

〈携行品〉

　　ポスターカラー，パレット，筆，筆洗，定規，コンパス，はさみ，
デッサン用鉛筆，練りゴム又は消しゴム，筆ふき用の布，マスキング
テープ，作業のできる服装


▼中学保体

〈評価の観点〉

　　「技能の習得状況」

【課題1】

□器械運動

　　マット運動，跳び箱運動

【課題2】

□球技

　　ゴール型，ネット型，ベースボール型のいずれか1種目を当日指定

【課題3】

□ダンス

創作ダンス

※新型コロナウイルス感染症拡大防止の観点から,「中学校・保健体育」の実技試験内容から「武道(柔道,剣道)」の実技試験は中止された。

〈携行品〉

体育実技のできる服装,体育館用シューズ(上履きとは別のもの)

▼中学技術

〈評価の観点〉

「技能及び工夫し創造する能力」

【課題】

□製品の製作

〈携行品〉

作業のできる服装,筆記用具

▼中学家庭

〈評価の観点〉

「技能及び工夫し創造する能力」

【課題】

□調理

◆模擬授業・口頭試問(2次試験)

・3分間で模擬授業の構想をし,6分間で実演を行う。

〈評価の観点〉

「教科指導(保健指導)に関する知識・技能の保有」「児童・生徒の理解」「柔軟性」「コミュニケーション能力」「教育的愛情,向上心」

▼小学校　面接官2人　受験者1人　30分

【課題】

・入室後,教卓の上の教科書のコピー 2 枚から 1 枚選んで3分間授業

の構想をするよう指示される(指導案作成はなし)。
・その後6分間で模擬授業を行い，6分経過すると途中でも終了。
・口頭試問は15分ほどであった。
・模擬授業が終了した人から帰宅をする。

▼中学数学　面接官2人　受験者1人
【課題】
□「1学年　文字式の計算」または「3学年　平方根」
・教科書のコピーが2種類教卓の上に置かれていて，どちらかを選んで模擬授業を行う。
・模擬授業後，口頭試問が続いた。


## 2022年度　岡山県

◆個人面接・特別面接(1次試験)　面接官2人　10〜15分
〈評価の観点〉
　「発言の明確さ，的確さ」「使命感，意欲的態度※」「誠実さ，社会性，協調性」
※理数枠・英語枠・地域枠・社会人枠の志願者については，志願する枠に対する「使命感，意欲的態度」
◎特別面接(特別選考の受験者)
　「発言の明確さ，的確さ」「使命感，意欲的態度※」「誠実さ，社会性，協調性」「専門的力量」
※理数枠・英語枠・地域枠・社会人枠の志願者については，志願する枠に対する「使命感，意欲的態度」
▼小学校
【質問内容】
□ケンカがおさまらない，どうするか。

▼小学校

【質問内容】

□教師像について。

□コロナ禍での児童の生活習慣の改善について。

　　→保護者の対応

・3つの質問からどんどん追質問が来る。

・面接官は優しいが，しっかり答えないとどんどん質問が来るので物怖じしないことが大切である。

▼高校数学

【質問内容】

□どうして高校教員を目指したのか。

□どういう教育活動を実践したいか。

□自ら考える力を身につける支援とは具体的にどのような支援か。

□民間での経験をどのように教育現場に生かせるのか。

□生徒と保護者の進路等，期限が迫りながらも意見に食い違いがある場合，どう対応するか。

▼養護教諭

【質問内容】

□理想の養護教諭像。

□自分の長所は学校園でどのように生かせるか。

□教員の不祥事を防ぐために何をするか。

□自傷行為をした子どもに保健室で対応した。その後「養護教諭とはもう話したくない」と言っている。どうするか。

　　→子どもの思いを尊重したとのことだが，なぜ尊重したのか。

□学級担任からは，「養護教諭が対応すべき」と言われる。どうするか。

▼特別支援

【質問内容】

□特別支援学校教諭を志望した理由。

□同僚と円滑な関係を築くにはどうするか。

□規則正しい生活習慣が乱れている子どもにどのような指導をする
か。

　→それでも改善が見られない場合はどうするか。

　→改善が見られた子どもへの対応はどのようにするか。

・予想外な質問が来ると思うので慌てることなく，一呼吸してから
堂々と答えるとよいと思う。

・自分の返答に不安を持っていると声質に出てしまうので，「これが
私の意見です」とはっきりと話すと面接官にも伝わるのではないか
と思う。

・ジェスチャーは自分の感情の表れだと思うので，勝手に動いてしま
う分には抑えることなく動かすと，伝えたいんだという気持ちが伝
わると思う。


◆集団討論(2次試験)

▼全校種

〈評価の観点〉

　「コミュニケーション能力」「社会性，協調性」「主体性，リーダー
シップ」「問題解決能力」

〈携行品〉

　受験票，筆記用具，定規，消しゴム，上履き，下履きを入れる袋

※新型コロナウイルス感染拡大防止の観点から，集団討論は中止され
た。

◆個人面接(2次試験)

〈評価の観点〉

　「発言の明確さ，的確さ」「使命感，意欲的態度※」「誠実さ，社会性，協調性」

※理数枠・英語枠・地域枠・社会人枠の志願者については，志願する枠に対する「使命感，意欲的態度」

▼小学校

【質問内容】

□志願書から。

□自己アピールから。

・思っていたより少しひねった質問をされる。

・面接官が2人とも話しやすい雰囲気で，とても和んだ。

・追質問が来るので笑顔で。

▼小学校

【質問内容】

□サークルのこと。

□大学での学びのこと。

□志願理由。

□特別選考の調書から。

□勤務地の希望。

□特別支援学級でもよいか。

・和やかな雰囲気で進むので，緊張しすぎることはないと感じた。

・願書を出すときには，よく考えて書き，何を聞かれても答えられるようにしておくとよいと思う。

▼小学校

【質問内容】

□教師のやりがい。

　→やりがいを感じる場面。算数のどんな時か。

□他の先生と意見が合わなければどうするか
　→その先生からあなたのやり方は悪いと言われたらどうするか。
□学級で本の貸出が少ないときどうするか。
　→学校全体ではどのように取り組むか。
　→読書のメリットとデメリット(デメリットはタブレット情報活用
　　能力)。
　→タブレットをどのように活用していくか。その他の活用法は。
　→タブレットを使っていて問題行動があったらどうするか。
　→管理職から指導されても直らなければどうするか。
　→保護者から越権ではないかとクレーム。


◆実技試験(2次試験)
　▼小学校
　　新型コロナウイルス感染拡大防止の観点から，2022年度の「小学校
　の体育実技」は中止された。

　▼中学保体
　〈評価の観点〉
　　「技能に対する知識・理解」「技能の習得の状況」
　【課題】
　□陸上競技，器械運動，球技，ダンス
　〈携行品〉
　　体育実技のできる服装，体育館用シューズ(上履きとは別のもの)，
　屋外シューズ

　▼高校保体
　〈評価の観点〉
　　「技能に対する知識・理解」「技能の習得の状況」
　【課題】

□陸上競技，器械運動，球技，ダンス

〈携行品〉

　体育実技のできる服装，体育館用シューズ(上履きとは別のもの)，屋外シューズ

▼中高音楽

〈評価の観点〉

　「音楽の知識・理解」「表現の技能」

【課題1】

□全訳コールユーブンゲン(第1巻)No.18〜No.35(原書番号)のうちから1曲，No.48〜No.59(原書番号)のうちから1曲を当日指定する。

【課題2】

□「赤とんぼ」「早春賦」「夏の思い出」「花」「浜辺の歌」のうち，当日指定する歌唱教材をピアノで弾き歌いする。

　(各自で楽譜を持参してよい。移調も可。)

【課題3】

□アルト・リコーダーによる新曲視奏

〈携行品〉

　アルト・リコーダー

▼中高美術　60分

〈評価の観点〉

　「形態，画面構成」「明暗，配色」「テーマ性，完成度」

【課題】

□配布している「げんのう」をモチーフとして，「こわす」または「つくる」という題名で平面構成をせよ。ただし，次の点に注意すること。

※画用紙に，A4サイズの長方形を描き，その中に表現すること。

※モチーフの「げんのう」は，①見えたままの表現と，②デザイン的な表現の2つの捉え方をし，1つの画面にバランスよく構成すること。

※①の表現は，形の特徴，立体感，質感，陰影などを見えたまま描写，彩色すること。

※①の表現は，大きさもモチーフの大きさで捉えること。一部見えない部分があったり，両角からはみ出したりしてもよいが，80%程度は描くこと。

※②の表現は，単純化，省略，強調，描く個数，色彩など，表現の制限はなし。

※水彩絵の具(ポスターカラー等を含む)による彩色方法についての制限はなし。ただし，未完成と区別するため，白い色も塗ること。

※「げんのう」以外の架空のモチーフを取り入れることの制限はなし。

※画面の縦横の制限はなし。ただし，時間内に画用紙の表面の余白に作品のコンセプトを文章で書き，作品の向きがわかるようにすること。

※鉛筆，水彩絵の具(ポスターカラー等を含む)の他，コンパスや定規の使用の制限はなし。

〈携行品〉

　水彩絵の具，ポスターカラー，パレット，筆，筆洗，コンパス，はさみ，デッサン用鉛筆，練りゴム又は消しゴム，計り棒(必要とする者のみ)，作業着(必要とする者のみ)，筆ふき用の布

▼中高書道　60分

〈評価の観点〉

　「字形」「構成」「線質」「表現力」

【課題1】

□次の古典【一】を半紙に，【二】を短冊に臨書せよ。

※いずれも紙は縦長に使用すること。

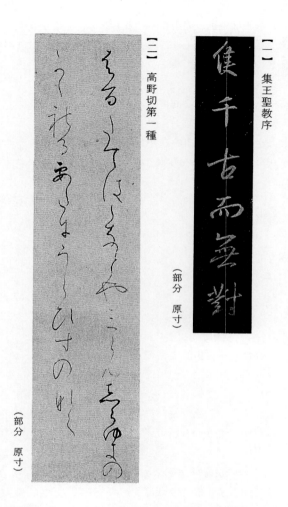

【一】　集王聖教序

（部分　原寸）

【二】　高野切第一種

（部分　原寸）

【課題2】

□次のことばを半切1／3に，漢字仮名交じりの書で創作せよ。

※紙の向きは自由。ただし，漢字，仮名の変換は認めない。

　「発揮しているもの達讃美すべき哉」

【課題3】

□次の①漢字，②仮名のいずれか一つを選び，半切に創作せよ。

※いずれも紙は縦長に使用すること。なお，①漢字については，書体，書風，構成は自由とし，②仮名については，漢字と仮名の変換，変体仮名の使用，書風，構成は自由とする。

□① 漢字

　青苔地上消残暑緑樹陰前逐晩涼

② 仮名

　ほととぎす鳴きつる方(かた)をながむればただ有明(ありあけ)の月(つき)ぞ残(のこ)れる

□漢字かな交じりの書，漢字，かな

〈携行品〉

　すずり，墨(墨汁可)，筆(大，中，小，かな用)，下敷(条幅用を含む)，文鎮，練習用紙


▼中高家庭

〈評価の観点〉

　「被服・食物に関する技能」「材料・用具の扱い方，作業態度」

【課題1】

□被服

□配付された布を使用して，配布されたポケットティッシュに適する
　ケースを作成せよ。ただし，次の(1)～(3)の条件をすべて満たし，
　生徒の見本としてふさわしいものにすること。(30分)

(1) 作成にあたり，次の縫い方を必ずどこかに使用していること。

　①なみ縫い　②まつり縫い　③本返し縫い　④かがり縫い　⑤ボタ
ン付け

(2) (1)の⑤は糸足を付けること。

(3) 縫い始めと縫い終わりには玉どめ・玉結びをすること。

【課題2】

□食物

1 机上の3種の調味料または食品を目測し，その概量を記入せよ。(1
　分)

※食品には手を触れないこと

| A | B | C |
|---|---|---|
| g | g | g |

2　調理台の材料を使い，次の①〜③のものを作り，指定の器に提出せよ。

　　ただし，指定の器には1人分(配付材料の約半分)を提出し，残りはアルミの皿に入れておくこと。(15分)

①　薄焼き卵のせん切り(涼拌絲用)

②　きゅうりのせん切り(涼拌絲用)

③　粉ふきいも(付け合わせ用)

〈携行品〉

　　裁縫用具，調理のできる服装


◆模擬授業・口頭試問(2次試験)　面接官2人　受験者1人　20分

〈評価の観点〉

　　「児童・生徒の理解」，「教科指導(保健指導)に関する知識・技能の保有」，「使命感，教育的愛情」，「意欲的態度，誠実さ，社会性，協調性」，「発言の明確さ，的確さ」

▼小学校

【課題】

□1年の算数　「12−9」


▼小学校

【課題】

□道徳

□英語(3，4分)

▼小学校
【課題】
□国語，理科から1つ。
・面接官の反応あり(「とても元気」「～したくない？」などの元気な声
　掛けあり)。
【口頭試問　質問内容】
□4年生で大切なこと。
□言葉遣い。
□道徳。
・すごく難しいことを聞かれて，追質問がたくさん来る。簡潔に答え
　ている間に，次にどう答えるか考えるのは，とても有効であると思
　う。


▼小学校
【課題】
□小学校6年生　算数「比例」
□小学校2年生　国語(内容不明)
※どちらかを1つ選択。
・教卓の上に教科書見開き1ページのコピーが置いてある。両方見て3
　分の間にどちらの授業をするか選び，構想する。
・6分間授業(導入)をする。構想には，メモと鉛筆が使える。
・授業中に試験官が児童役を演じてくれる。授業には積極的。その後，
　口頭試問。
【口頭試問　質問内容】
□工夫点。
□今後の展開。
□授業に集中できない子への対応。
□大声を出す子への対応。
□基礎的な知識・技能定着のためには。
□道徳における，家庭・地域との連携とは。

□子どもに達成感を味わせるためには。

・すべての問いに対して,「それでもダメなら?」「他には?」など,追質問がくるが,落ち着いて答えればよいと思う。

## 2022年度　岡山市

◆個人面接・特別面接(1次試験)　面接官2人　15分
　※新型コロナウイルス感染症拡大防止対策の観点から,1次試験では予定されていた集団活動を変更し,個人面接を実施した。

〈評価の観点〉
　「コミュニケーション能力」「意欲的態度,使命感」「教育的愛情,向上心」「社会性,協調性」

▼小学校教諭

【質問内容】

□自己紹介(1分)

□ハンガーとブラシが置いてあり,どちらか1つを選んで1分でPRを考え,1分で選択した物のPRをする。

　→上司にアピールするとすれば何を話すか。

　→同期からのクレーム。

　→話し合いの際,気をつけること。

▼小学校教諭

【課題】

□商品の良さをプレゼンテーションする。(構想1分,実演1分)

・3年目の会社員だとして,用意されている虫捕り網とピンチハンガーの好きな方を選択し,プレゼンテーションを行う。

【質問内容】

□なぜそれを選んだか。

□PRの方法について。

□商品に名前を付けるとしたら。
□プレゼンテーションは何点か。
・例年と大きく異なっていた。
・今年度変更された集団活動の代わりだと思われる。
・(募集要項記載の通り)対応力，社会性，コミュニケーション力が求められている。

▼小学校教諭
【質問内容】
□一分間の自己紹介。
□社員になったつもりで，商品を1分間プレゼンテーションする。
・構想時間は1分。
・商品はハンガーかブラシのどちらかを選ぶ。
　　→他に紹介することは。
　　→名前を付けるとしたら，どんな商品名にするか。
□苦手な人はどんな人か。
　　→(価値観を押し付ける人と答えたため)「あなたは入社3年目です。新入社員に価値観を押し付ける人が入社しました。どう対応しますか？」
□上司に商品の改善点と提案。
　　→上司はどんな反応をすると思うか。→上司に商品の改善点を提案。
　　→その理由は。

▼中学英語
【質問内容】
□商品のPR。
　　→改善点。
　　→良かった点。
　　→上司から指摘されるとしたら，どうするか。
　　→どんな改良をしたら売れるか。どのように売るか。

→商品に名前を付けよ。

□自己紹介。

□チームの中で必要なことは。

□円滑に話し合いをするには。

□面接に点を付けるなら。

▼養護教諭

【質問内容】

□自己紹介(1分)。

□入社3年目の社員となり，洗面器とハケが机の上に置いてあるので，それらを新商品として1分間構想をし，1分間プレゼンテーションを行う。

　　→その商品に名前を付けるとしたら，どんな名前を付けるか。

　　→上司はどのように言うと思うか。

　　→一般の人にはどのように宣伝するか。

　　→上司から厳しい意見を言われたら，どうするか？

□会議を円滑に進めるためには，どうしたらいいと思うか。

□話し合いがまとまらないときは，どうするか。

□あなたの足りないところはどこか，どうしていくか。

□苦手な人はどんな人か，どのように接するか。

□入社3年目のあなたに，上司はどんなことを期待すると思うか。

□上司から評価されないとき，どうするか。

・控室で待機し，試験時間の3分前に試験室の前へ移動し，椅子に座って待機する。

・受験票を確認し，試験の説明後に入室，荷物は入り口横の机の上に置き，手指消毒，受験番号と名前を言って着席。

・昨年は一般的な個人面接が行われていたが，今年は例年の集団活動の内容を個人面接で実施するような形となっていた。

・プレゼンテーションを行うということは予告されていなかったため，どんな内容がきても対応できる力が求められると感じた。

◆個人面接(2次試験)　面接官2人　20分

〈評価の観点〉

　「コミュニケーション能力」「意欲的態度，使命感」「教育的愛情，向上心」「社会性，協調性」

▼小学校教諭

【質問内容】

□志望理由。

□大学の(制限された)サークル活動で頑張ったこと。

　→教員でどう生かすか。

□受かったらどうするか。落ちたらどうするか。

□大学での失敗(近年多い)。

・ドアの開閉は面接官が行う。

・どちらの面接官も表情が硬く，早口だった。

・3〜4m離れていて，1人10分程度質問される。

・願書の内容から質問される。

・書いてあることをきちんと説明すればよい。

・最初に「(質問の受け答えは)30〜50秒程度で簡潔に」と指示される。

▼中学英語

【質問内容】

□なぜ岡山市か。

□家族には教員になることは賛成されているか。

□家族に教員はいるか。

□自分は幸運だと思うか。

□どんなことを教員になったらしたいか。

□アルバイトで学んだこと。

◆実技試験(2次試験)

※小学校(英語枠，小中連携推進枠，特別支援教育推進枠を含む)においては，音楽と体育の両方の実技試験を受験すること。

※中学校(小中連携推進枠，特別支援教育推進枠を含む)においては，出願した教科の実技試験を受験すること。

▼小学校教諭

※新型コロナウイルス感染症拡大防止対策の観点から，「小学校・体育」と「小学校・音楽」の実技試験は中止された。


▼中学音楽

〈評価の観点〉

　「技能及び表現力」

【課題1】

□ピアノによる弾き歌い

　学習指導要領に示された歌唱共通教材「赤とんぼ」「荒城の月」「早春賦」「夏の思い出」「花」「花の街」「浜辺の歌」のうち，当日指示する1曲を，前奏付きで2番まで演奏する。

※当日，楽譜が必要な者は各自持参する。移調も可。

【課題2】

□アルトリコーダーによる新曲視奏

〈携行品〉

　アルトリコーダー


▼中学美術

〈評価の観点〉

　「技能及び表現力」

【課題1】

□デッサン

【課題2】

□平面構成

〈携行品〉

　ポスターカラー，パレット，筆，筆洗，定規，コンパス，はさみ，デッサン用鉛筆，練りゴム又は消しゴム，筆ふき用の布，マスキングテープ，作業のできる服装

▼中学保体

〈評価の観点〉

　「技能の習得状況」

【課題1】

□器械運動　マット運動，跳び箱運動

【課題2】

□球技　ゴール型，ネット型，ベースボール型のいずれか1種目を当日指定

【課題3】

□ダンス　創作ダンス

※新型コロナウイルス感染症拡大防止対策の観点から，「中学校・保健体育」の内容から「武道(柔道，剣道)」の実技試験は中止された。

〈携行品〉

　体育実技のできる服装，体育館用シューズ(上履きとは別のもの)

▼中学技術

〈評価の観点〉

　「技能及び工夫し創造する能力」

【課題】

□製品の製作

〈携行品〉

　作業のできる服装

▼中学家庭

〈評価の観点〉

「技能及び工夫し創造する能力」
【課題】
□布を用いた製作
〈携行品〉
　裁縫道具


◆模擬授業(2次試験)　面接官2人　受験者1人　15〜20分
　・3分間で模擬授業の構想をし，7分間実演を行う。
〈評価の観点〉
　　「教科指導(保健指導)に関する知識・技能の保有」「児童・生徒の理解」「柔軟性」「コミュニケーション能力」「教育的愛情，向上心」
　▼小学校
　・教科書の見開きが裏向きで用意されている。
　・導入もしくは内容の部分の授業を考え，実演する。
　・面接官は児童役をしてくれて，手を挙げて発表してくれたが，「めあて書いてもいい？」など急な発言もあった。


　▼小学校教諭
【課題】
□社会科　5年
□算数　5年　コラム　「表を使って考えよう」
※2教科から1つを選択
　・算数を選択。
　・児童がいる想定で，きちんと全体を見渡すべし。
　・面接官が児童役なので，受け答えはきちんと。
　・児童役は問題行動もしてくる。
　・授業のめあてまで指導した方がよい。
　・模擬授業後に口頭試問されると聞いていたが，行われなかった。
　・算数と理科の単元の最初とコラムを，すべて押さえておくとよい。

▼中学英語

・試験官が生徒役→(問題行動により)指導が全然進まない。ロールプ
　レイ版の場面指導も兼ねていると思われる。

・授業後，口頭試問。

【口頭試問　質問内容】

□工夫した点，苦労した点。

□特別支援の観点からの英語教育とは。

□ICTの活用例。

□協力してくれる外国人をどう見つけるか。

## 2021年度　岡山県

◆個人面接(1次試験)

〈評価の観点〉

　「発言の明確さ，的確さ」「使命感，意欲的態度※」「誠実さ，社会
性，協調性」

※理数枠・英語枠・地域枠の志願者については，志願する枠に対する
　「使命感，意欲的態度」

◎特別面接(特別選考の受験者)

〈評価の観点〉

　「発言の明確さ，的確さ」「使命感，意欲的態度※」「誠実さ，社会
性，協調性」「専門的力量」

※理数枠・英語枠・地域枠の志願者については，志願する枠に対する
　「使命感，意欲的態度」

▼小学校教諭　面接官2人　10分

【質問内容】

□どのような教師になりたいか。

　→今，それに向けて努力していることはあるか。

□多様な保護者がいるが，接するときに心がけたいことはあるか。

□教育実習は終えたか。

□行き渋りの子がいる。どのように対応するか。

　→それでもダメだったらどうするか。

□他の先生と意見が合わなかったらどうするか。

　→(まずは先生の考えを聞き，私の考えも伝えると答えた。)

　→その先生の意見の方が強かったらどうするか。

※マスクを着けたままでの面接だった。はじめに「顔を確認したいので，マスクを外してください」と指示があった。

※ドアの開閉は面接官がする，と指示があった。

・一人の面接官と話しているとき，もう一人の面接官には姿勢，眼差し，身なりなどを見られているように感じた。

・追質問はあったが，怖がらず，子どもの姿を想像すると答えることができると思った。

・すべて過去問に載っていた質問だったので，それを参考に自分の教育観を整理しておいてよかった。


▼小学校教諭

【質問内容】

□自己紹介。

□特別支援の研究室での学びを生かしていることはなにか。

□子どもとの関わりで心に残っていることはどのようなことか。

□先輩から学んだことはあるか。

□ストレスがたまるのはどのようなときか。

□ストレスがたまったときどうするか。

□保護者に何か言われたときに返すのは得意か。

□ストレスに強いか。

□具体的に地域をどのように活用し，学びにつなげるか。

□仲間と頑張った経験があれば述べよ。

□部活の中で自分が貢献したことはどのようなことか。

□自分の長所，短所を述べよ。

・自分が答えたことに対して追い質問がくる。

▼小学校教諭

【質問内容】

□教育において変わらないものはどのようなことであると考えるか。

□教育実習はどこへ行ったか。

□自分の地域で何を体験したか。

　→その大切さをどう子どもに伝えるか。

□(調査書から)どんな実践をするか。

□岡山県北地域のメリット・デメリットはそれぞれどのようなことがあるか。

　→そのデメリットを解決するためにはどうしたらよいと考えるか。

▼小学校教諭　面接官2人　20分

【質問内容】

□志望理由はなにか。

□子どもに「どうして勉強しなきゃいけないの。」と聞かれたらどうするか。

□授業中に私語が多い子がいたらどう対処するか。

▼小学校教諭　面接官2人　10分

【質問内容】

□教員としてやりがいを感じるときはいつか。

□教員になるためにどのようなことに取り組んでいるか。

【場面指導】

□課題

　SNSについての授業をしている際にクラス全員の子どもたちがあなた(教員)の話を聞いていません。あなたならどう対応するか。

　→それでも聞いてくれないときはどうするか。

　→それでも聞いてくれないときはどうするか。

▼中学国語　面接官2人　10分
【質問内容】
□中学校教員を志望した理由はなにか。
□ボランティアや部活動を通してどのようなことを学んだか。
□学生時代，苦労したことはどんなことか。
　　→その経験から何を学んだか。
・答えたことに対して，さらに深掘りされる。「それだけですか。」と
　他の答えを求められることもあった。

▼高校数学
【質問内容】　　面接官2名　7分ほど
□なぜ高校の教員を志望したのか。
→数学の魅力を生徒に伝えるために普段から努力していることはなに
　か。
□学級経営で心がけたいことはなにか。
→なぜそれが大切だと思うか。
□進路指導で生徒と保護者の意見が食い違ったときどう対処するか。
→保護者から「私の方が子供のことを分かっている」とクレームがき
　た。どう対処するか。
・二次試験の個人面接と模擬授業・口頭試問は人によって順番が異な
　る。

▼高校家庭　面接官2人　10分

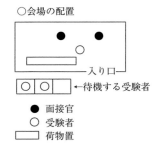

○会場の配置

入り口

←待機する受験者

● 面接官
○ 受験者
□ 荷物置

【質問内容】

□色々な職業がある中からなぜ教職を選んだか。

□大学で努力したことは何か。

　→それをどう生かすか。

　→それ以外に教職として苦労・努力したことは何か。

□教員としてどう生かすか。

□教育実習へは行ったか。

□同僚とどのように信頼関係を築くか。


◆個人面接(2次試験)

〈評価の観点〉

　「発言の明確さ，的確さ」「使命感，意欲的態度※」「誠実さ，社会性，協調性」

　※理数枠・英語枠・地域枠の志願者については，志願する枠に対する「使命感，意欲的態度」

▼小学校教諭　面接官2人　20分

【質問内容】

□志望理由はなにか。

□今年はこれを頑張って準備してきたぞということはなにか。

□講師をしていて自分に足りていない力は何だと思うか。

□模擬授業はどうだったか。

□筆記試験はどうだったか。

□不合格になる理由は何だと思うか。

□なぜ岡山県か。

□今まで受験してこなかったのなぜか。

　→どうしてこの仕事を続けたいという思いに変わったか。

□続けたいという思いに変わってから，仕事をする上でどんなことが変わったか。

□この仕事をする上で不安に思っていることはなにか。

□とくにストレスを感じたことはあるか。

□夜はぐっすり寝られるか。

□新しい学校に行って校長先生に，他の人には負けない自分の強みを話すとしたらどのようなことを話すか。

□来年新採用で6年生を担任してくれと言われたらどうするか。

□その学年が昨年度学級崩壊しているとしたらどうするか。

　→担任すると答えたが今の自分の力量で大丈夫か。

□採用されたら講師から教諭にかわるが，仕事をする上でなにがかわるか。

□今の同僚の先生でこんなところが自分には足りてないから見習いたいと思うことや，学級経営をする上で絶対にしたくないことについて述べよ。

□不合格だったらどうするか。

□何年生を担任したか。

▼小学校教諭　面接官2人　20分

【質問内容】

□免許はいろいろあるが，なぜ小学校か。

□志望理由はなにか。

　→人格の土台とは，具体的にどんなことか。

□アルバイトをしているか。そのときに困ったことはあるか。

□岡山県の教育の取り組みや策について述べよ。
□英語でなりたい教員のめざす姿について述べよ。

▼小学校教諭　面接官2人　20分
【質問内容】
□岡山県を受験した理由はなにか。
□倉敷市を希望初任地にした理由はなにか。
□教育実習で心に残っていることはどのようなことか。
□教育実習で悩んだこと，上手くいかなかったこと，また克服方法を述べよ。
□大学ではどのような活動をしたか。
□特別支援学校での勤務は可能か。

▼小学校教諭　面接官2人　15分
【質問内容】
□志望理由はなにか。
□教育実習で学んだことを述べよ。
□教育実習で大変だったことはどんなことか。
□大学で力を入れて取り組んだことはなにか。
□アルバイトでどんなことを学んだか。
□どこの勤務地でもよいか。
□特別支援学校に行ってもよいか。
・願書からの質問がほとんどだった。

▼中学国語　面接官2人　15分
【質問内容】
□教育実習で特に挑戦してみたいことはなにか。
□部活動で気をつけたいことはなにか。
□学生時代に力を入れて取り込んだことはなにか。
□古典文法が苦手な生徒にどのように指導するか。

□学級担任としてどのようなクラスにしたいか。

・具体的な指導法を求めている感じがした。

▼高校数学

【質問内容】　面接官2名　7分ほど

□二次試験までどのように過ごしていたか。

□他にどこの自治体を受験したか。

□勤務地はどこでも可能か。

□特別支援学校でも可能か。

□不合格になった場合来年はどうするか。

□(願書内容について)努力していることを具体的に説明せよ。

□卒業見込みだが，卒業は大丈夫そうか。

□大学の部活動ではどのような役割を果たしていたか。

□大学の部活動では周りの人にどのような人と思われていたか。

□(願書に記載した卒業論文について)わかりやすく教えてほしい。

▼養護教諭　面接官2人　15分

【質問内容】

□他の自治体，就職活動の有無を聞かれた。

□不合格の際にどうするか。

□どんな関わりをしていきたいか。

　→養護教諭としての具体的な方策を述べよ。

□留学経験を通して学んだことはなにか。

□岡山県の志望理由はなにか。

◆グループワーク

　※新型コロナウイルス感染拡大防止の観点から中止。

◆実技(2次試験)

▼小学校教諭
※新型コロナウイルス感染拡大防止の観点から中止。


▼中学保体
【課題1】
□ラジオ体操
【課題2】
□陸上競技
【課題3】
□器械運動
【課題4】
□球技
〈携行品〉
　体育実技のできる服装，体育館用シューズ(上履きとは別のもの)，屋外シューズ
〈評価の観点〉
「技能に対する知識・理解」「技能の習得の状況」
※新型コロナウイルス感染拡大防止の観点から，「武道(柔道・剣道)・ダンス」は中止。


▼中高音楽
【課題1】
□全訳コールユーブンゲン(第1巻)No.18〜No.35(原書番号)のうちから1曲，No.48〜No.59(原書番号)のうちから1曲を当日指定する。
【課題2】
□「赤とんぼ」，「早春賦」，「夏の思い出」，「花」，「浜辺の歌」のうち，当目指定する歌唱教材をピアノで弾き歌いする(各自で楽譜を持参してよい。移調も可。)。
【課題3】
□アルトリコーダーによる新曲視奏

〈携行品〉

　　アルトリコーダー

〈評価の観点〉

　「音楽の知識・理解」「表現の技能」


▼中高美術

【課題1】

□デッサン

【課題2】

□平面構成

〈携行品〉

　水彩絵の具，ポスターカラー，パレット，筆，筆洗，コンパス，はさみ，デッサン用鉛筆，練りゴム又は消しゴム，計り棒(必要とする者のみ)，作業着(必要とする者のみ)，筆ふき用の布

〈評価の観点〉

　「形態，画面構成」「明暗，配色」「テーマ性，完成度」


▼中高家庭

【課題1】

□被服

【課題2】

□食物

〈携行品〉

　裁縫用具，調理のできる服装

〈評価の観点〉

　「被服・食物に関する技能」「材料・用具の扱い方，作業態度」


▼高校保体

【課題1】

□ラジオ体操

【課題2】

□陸上競技

【課題3】

□器械運動

【課題4】

□球技

〈携行品〉

　体育実技のできる服装，体育館用シューズ(上履きとは別のもの)，屋外シューズ

〈評価の観点〉

　「技能に対する知識・理解」「技能の習得の状況」

※新型コロナウイルス感染拡大防止の観点から，「武道(柔道・剣道)・ダンス」は中止。


▼高校書道　120分

【課題】

□漢字かな交じりの書，漢字，かな

〈携行品〉

　すずり，墨(墨汁可)，筆(大，中，小，かな用)，下敷(条幅用を含む)，文鎮，練習用紙

〈評価の観点〉

　「字形」「構成」「線質」「表現力」


◆模擬授業・口頭試問(2次試験)

〈評価の観点〉

　「児童・生徒の理解」「教科指導(保健指導)に関する知識・技能の保有」「使命感，教育的愛情」「意欲的態度，誠実さ，社会性，協調性」「発言の明確さ，的確さ」

▼小学校教諭　面接官2人　25分

【課題】

□算数　2年「ひょうとグラフ」の第一時を選択。

※算数と社会(何年生か不明)のどちらかを選んで，導入か展開部分をする。

・コロナ対策のためビニール手袋をつけて模擬授業をした。

・児童役の面接官が好き勝手に発言をする。他の児童が教室から飛び出したことを報告してくるなど，授業の進め方以上に問題行動に対する対応を見られている感じがした。

【口頭試問　質問内容】

□模擬授業で工夫した点と改善点を述べよ。

□児童が学ぶ意義を実感できるためにどうすればよいか。

□総合的な学習の指導計画を立てるときに考えるべきことはあるか。

□生き方を考える場面でどのように指導するか。

□学級担任として大切にしたいことはなにか。

□農業体験に行く前にお世話になる農家の方へどのようなことを伝えるか。


▼小学校教諭　面接官2人　受験者1人　20〜25分(構想3分，授業6分)

【課題】

□国語　2年「かぼちゃのつる」

□理科　6年「てこ」

※2教科から1つを選んで3分で構想する。構想後，すぐに6分間導入部分を実演。

※実演中は面接官も授業に参加し，めあてを一緒に読んだり，発表してくれる。

※模擬授業後は，10〜15分口頭試問となる。

・教科書の見開きがおいてあるので，その通りに授業を進めていけばよいと思う。余裕があればアレンジも可能。えがすぐわかる，など。

【口頭試問　質問内容】

□模擬授業の工夫点はどのようなことか。

□面接官の反応を見て，改善したい点はあるか。

□授業のまとめはどうするか。

□自分が目指す学級はどのようなものか。

　→一番大切にしたいことはなにか。

□不登校の子どもを受けもったらどう対応するか。

□授業中すぐ立ち歩く子どもへの対応をどのようにするか。

□外国語科と外国語活動のちがいとはなにか。

□プログラミング教育でどんな授業をするか。

□社会に開かれた教育課程とはなにか。

▼小学校教諭　面接官2人　20分(構想3分，授業6分)

【課題】

□算数「2けたのたし算」

□社会「昔の道具」

※好きな方を選び，導入から6分授業。構想時間は6分とは別に3分ある。

・事前に友達と練習を積んでおけば，児童役の面接官にも焦らず対応できるし，何より楽しんで授業ができる。

【口頭試問　質問内容】

□ねらいはなにか。

□めあてはなにか。

□工夫したことはどのようなことか。

□こんなときどうするか。

▼小学校教諭　面接官2人　20分(構想3分，授業6分)

【課題】

□算数　5年「混み具合の調べ方」

□社会　6年「歴史　藤原道長」

※どちらかを選んで授業を行う。

※メモはとってよい。

※構想時間は3分。

※面接官が子ども役をする。

【口頭試問　質問内容】

□めあては何にする予定だったか。

□改善点はどこか。

□道徳が教科化して変わったことはなにか。

　　→他にあるか。

□指導と評価の一体化とはどのようなことか。

□学級経営で行っていきたいことはどのようなことか。


▼小学校教諭　面接官2人　受験者1人　20分(構想3分，授業6分)

【課題】

□算数　2年「長さ」

□国語　3年「こそあど言葉」

※2枚の画用紙に教科書が印刷されたものが資料として配布される。

※紙と鉛筆あり。

※面接官が子ども役をしてくれる。

　　→積極的でやりやすい。「わからない」という反応もあった。

【口頭試問　質問内容】

□工夫したところはどこか。

□なぜ○○のようにしたのか。

□子どもが○○と言ってきたらどうするか。

□問題解決学習がうまくできない原因は何だと考えるか。

□昼から登校する子どもへの支援はどのようなことと考えるか。

□保護者・地域の人との信頼関係の作り方はどのようなことを考える
　か。

□外国語活動で注意することはどんなことか。

・1つの質問に対して「それがダメなら。」「他の方法は。」と聞かれる
　ので，たくさんの答えを用意しておくとよい。

▼中学国語　面接官2人　受験者1人　20分(構想4分，授業6分)

【課題】

□第3学年　A「話すこと・聞くこと」(イ)自分の立場や考えを明確にし，相手を説得できるように論理の展開などを考えて，話の構成を工夫すること。言語活動例(ア)提案や主張など自分の考えを話したり，それらを聞いて質問したり評価などを述べたりする活動。

※学習指導要領の一部分を書いた紙を配布され，それに合った授業を行う。

▼高校数学　面接官2人　受験者1人　20分(構想1分，授業8分)

【課題】

□$n^2$が偶数であるとき$n$は偶数であることを証明せよ。

※机の上に問題が書かれたカードが裏向きに6枚伏せられている。その中から1枚選び，構想1分と授業8分，導入から展開まで行うように指示がある。

※選んだもので模擬授業ができない場合，申し出ると変更可能。その後に口頭試問に移る。

※(試験会場の)岡山工業高校では黒板で実施した。この他に「位置ベクトルの導入」も確認した。

【口頭試問　質問内容】

□この授業のポイント，教えたいことはなにか。

□この内容で生徒がつまずきやすい点はどこだと思うか。

□この授業が終わったとき，生徒からどのような声が上がったら成功だと思うか。

□なぜ数学の教師になろうと思ったのか。

□高校生活を通してどんな生徒を育てたいか。

□大事なプリントや宿題を出せない生徒に対してどう対応するか。

　→それでも改善されなかったとき，どう対処するか。

◆模擬場面指導(2次試験)

〈評価の観点〉

「児童・生徒の理解」「教科指導(保健指導)に関する知識・技能の保有」「使命感，教育的愛情」「意欲的態度，誠実さ，社会性，協調性」「発言の明確さ，的確さ」

▼養護教諭　面接官2人　25分

【課題】

□小1男子が鼻血で来室。小6男子が素手で止血して連れてきた。

　→鼻血への対応，感染症対策のための指導をする。

(机等の配置は自由に変えてよい。)

【口頭試問・質問内容】

□複数配置でペアの先生と気が合わなかったらどうするか。

　→どうやって先生の考えを知るか。

□保健室経営計画には何が必要か。

□場面指導で意識したことはなにか。

□今後どうなっていきたいか。

□不登校の支援の際に連携する人は誰と誰か。

　→支援の方針を述べよ。

## 2021年度　岡山市

◆個人面接(1次試験)

〈評価の観点〉

「コミュニケーション能力」「意欲的態度，使命感」「教育的愛情，向上心」「社会性，協調性」

※新型コロナウイルス感染拡大防止の観点から，「集団活動」から「個人面接」に変更になった。

▼小学校教諭　面接官2人　15分

【質問内容】

□自己紹介。

□表現することが苦手な子どもにはどのような指導方法をするか。

□自分の強みはなにか。

□岡山市の教育の魅力を1つ述べよ。

□自分の周りからどう思われていると思うか。

□自分の挫折経験があれば述べよ。

□グループで活動するとき自分はどんな立場，ポジションか。

・新型コロナウイルス感染対策のため，マスク着用，面接官との距離がかなりあった。

・声を大きく，明るく，表情を思いっきり大きくすることを意識した。

▼小学校教諭　面接官2人　20分

【質問内容】

□志望動機。

□学生時代がんばったことはどんなことか。

□教師として一番大切なことはなにか。

□どのような教師になりたいか。

□ケンカしている児童にどう対応するか。

・実習やボランティアについては細かく聞かれた。

・過去問をよく分析していたら，答えられないものはないはずだと思った。

▼小学校教諭　面接官2人　20分

【質問内容】

□自己紹介。

※基本，場面指導含め口頭での回答のみ。

※ストレス耐性を探られる。

※問題行動に対しての対応など，「それでもだめなら。」と何度も探られる。

※1次面接は，集団行動の代わりなので人間性中心の質問だった。

▼小学校教諭　面接官2人　15分
【質問内容】
※自分の普段のことについての質問だった。
※教育的な質問が2〜3問あった。
※願書からの質問はなかった。
※追い質問が2〜3問あった。


◆個人面接(2次試験)
〈評価の観点〉
　「コミュニケーション能力」「意欲的態度，使命感」「教育的愛情，
向上心」「社会性，協調性」
▼小学校教諭　面接官2人　20分
【質問内容】
□志望理由はなにか。
□アルバイトはどのような経験をしたか。
□市内どこの勤務でも大丈夫か。
□自分を〜に例えるとどのように表すか。
□苦しかった経験はあるか。それはどのようなものか。
※願書からの質問があった。
※追い質問があった。


▼小学校教諭　面接官2人　20分
【質問内容】
□志願理由はなにか。
□教育施策で知っているものを述べよ。
□中学校・高校では，どのような部活動をしてきたか。
□大学生活ではアルバイト経験があれば説明せよ。
□大学でがんばったことはなにか。
□大学で学んだことはどんなことか。

□クラスにいる配慮の必要な子どもの例(3つ)を述べよ。
□生活している上で意識していることはなにか。
□他府県の受験状況はどのような状況か。
□不合格の場合，どうするか。
□教育以外で興味のあることは何か。
□習い事・特技について述べよ。
　→実際に学校現場で学んだことが生かせるか。
※基本願書からの質問，追質問があった。
・追質問がかなりあった。短く答えるとよいと思われる。

▼小学校教諭　面接官2人　20分
【質問内容】
□志望動機。
□ボランティア活動でがんばったこと，大変だったこと，学んだこと
　は，それぞれどんなことか。
□教育実習で印象に残っているエピソードはあるか。
□特別の教科道徳についてどう考えているか。
□運動会でつけさせたい力は何か。
□保護者からクレームがあったときどう対応するか。
□特別支援学校でも可能か。
　→支援学校での実習のエピソードがあれば述べよ。

◆実技(2次試験)
※中学校(小中連携推進枠，特別支援教育推進枠を含む)においては，
　出願した教科の実技試験を受験すること。

▼小学校教諭
※新型コロナウイルス感染拡大防止の観点から中止。

▼中学音楽

【課題1】

□ピアノによる弾き歌い

　学習指導要領に示された歌唱共通教材「赤とんぼ」「荒城の月」「早春賦」「夏の思い出」「花」「浜辺の歌」のうち，当日指示する1曲を，前奏付きで2番まで演奏する(当日，楽譜が必要な者は各自持参する。移調も可。)。

【課題2】

□アルトリコーダーによる新曲視奏

〈携行品〉

　アルトリコーダー

〈評価の観点〉

　技能及ひ表現力


▼中学美術

【課題1】

□デッサン

【課題2】

□平面構成

〈携行品〉

　ポスターカラー，パレット，筆，筆洗，定規，コンパス，はさみ，デッサン用鉛筆，練りゴム又は消しゴム，筆ふき用の布，マスキングテープ，作業のできる服装

〈評価の観点〉

技能及び表現力


▼中学保体

【課題1】

□器械運動　マット運動，跳び箱運動

【課題2】

□球技　ゴール型，ネット型，ベースボール型のいずれか1科目を当
　日指定
【課題3】
□武道　柔道，剣道のいずれか1科目を出願時に選択
【課題4】
□ダンス　創作ダンス
〈携行品〉
　体育実技のできる服装，体育館用シューズ(上履きとは別のもの)，
柔道着(「武道」で柔道を選択した者)
〈評価の観点〉
　技能の習得状況


▼中学技術
【課題】
□製品の製作
〈携行品〉
　作業のできる服装
〈評価の観点〉
　技能及び工夫し創造する能力


▼中学家庭
【課題】
□調理
〈携行品〉
調理のできる服装
〈評価の観点〉
　技能及び工夫し創造する能力

◆模擬授業(模擬場面指導)・口頭試問(2次試験)

〈評価の観点〉

　「教科指導(保育指導) に関する知識・技能の保有」「児童・生徒の理解」「柔軟性」「コミュニケーション能力」「教育的愛情，向上心」

▼小学校教諭　面接官2人　受験者1人　20分(構想3分，授業6分)

【課題】

□社会　6年「貴族の生活」

※課題は当日指定。算数か社会かのいずれかを選ぶ。

・面接官が子ども役。突然違う話を始めたり，話しかけたりする。

【口頭試問　質問内容】

□授業で工夫した点はどんなことか。

□難しかった点はどのようなところか。

□次もう一度するなら，どこを変えるか。

□教科指導で大切なことはなにか。


▼小学校教諭　面接官2人　受験者1人　20分(構想3分，授業7分)

※面接官が児童役で，なりきってくれる。A「Bが鉛筆盗んでるの見た！Cの鉛筆取ってた」　B「取ってねーし」　すごい言い争いの設定だった。

※導入か展開か選べる。

※用具・道具はなし，あるつもりで授業する。(A4用紙，鉛筆，チョークはある)

※模擬が終わったら，口頭試問(10分)

・コロナ対策で，挨拶不要の指示が毎回あった。手袋着用で模擬授業をした。


▼小学校教諭　面接官2人　受験者1人　25分

【課題】

□理科「地層」

※面接官が児童役。

※問題行動「Aさんがめあてを書きよらん」「Bさんも姿勢悪い」などの設定があった。
・授業中にどう対応するか，求められている。


▼小学校教諭　面接官2人　受験者1人　25分(構想3分，授業7分)(個人面接の中で)

【課題】

□国語　6年「意味の違い」

□理科　3年「磁石のふしぎ」

※どちらかを選択して模擬授業を行う。

※教科書見開き1ページを渡される。

※面接官2人は児童役を演じた。

　→少しちょっかいを出したり，難しい質問をしてきたりした。

・模擬授業は明るく楽しくやるといいと思う。

・残り時間は口頭試問だった。

【口頭試問　質問内容】

□授業で工夫したところはどんなことか。

□次の展開はどう考えていたか。

□子どもにとってわかりやすい授業とはどのようなものか。

□保護者が来年はAさんとクラスを離してほしいと言われたら，どう対応するか。

□子どもに学ぶ意義をどう理解させるか。

□道徳でどのようなことを伝え，どのような授業をするか。

□運動会を通して伝えたいことは何か。

・新型コロナウイルスの影響で，試験内容が変更され，二次試験は筆記と模擬授業，面接のみなので，かなり重視されていたように思われる。

・受験者との会話もすることができないため，不安が大きかった。

・マスク着用，面接官との距離など，通常よりも，考える必要がたくさんあった。(声の大きさ，表情の作り方，明るさ等)

## 2020年度　岡山県

◆個人面接(1次試験)

〈評価の観点〉

「発言の明確さ，的確さ」「使命感，意欲的態度※」「誠実さ，社会性，協調性」

※理数枠・英語枠・地域枠の志願者については，志願する枠に対する「使命感，意欲的態度」

◎特別面接(特別選考の受験者)

〈評価の観点〉

「発言の明確さ，的確さ」「使命感，意欲的態度※」「誠実さ，社会性，協調性」「専門的力量」

※理数枠・英語枠・地域枠の志願者については，志願する枠に対する「使命感，意欲的態度」

▼小学校教諭　面接官2人　15分

【質問内容】

□志願理由。

□なりたい教師像。

□頑張ったこと。

□授業中立ち歩く子どもがいた場合どうするか。


▼小学校教諭　面接官2人　10分

【質問内容】

□志望理由，教師のやりがいは。

□大声をだしてしまう児童への接し方。

□学級で本の貸し出しが少ないとする。どうやって読書をすすめるか。

　　→個人の対応。

　　→学級での対応。

　　→学校全体での取り組み。

□保護者が自分の指導に対してクレームをつけてきたときの対応。

▼中学英語

【質問内容】

□数ある自治体の中でなぜ岡山県を志望したか。

□数ある職業の中で教員になろうと決めた理由。

□保護者との関わりを深めていくにはどのようなことが考えられるか。

□地域の方とどのように連携を図るか，またその具体的な手立て。

□あなたなら授業で騒ぐ生徒へどのように対応するか。

□障害をもった生徒が騒いでいる場合，どのように対応するか。

□障害をもった生徒へはどのような接し方が望ましいと考えるか。

▼高校数学　面接官2人　10分

【質問内容】

□教師を目指したきっかけ。

□育てたい生徒像。

□目指す教師像。

　→その回答に対し，信頼される教師になるためには，どうしたらよいか。

□(進路指導を想定して)生徒と保護者の意見が合わないとき，どう対応するか。

　→保護者から学校へクレームが入った場合，どう対応するか。

　→どうして保護者からそのようなクレームがくると思うか。

〈流れ〉入室→入口の荷物置きに置く→受験番号・名前を述べる→着席

▼高校理科　面接官2人　10分

【質問内容】

□なぜ教員になりたいか。

□恩師とはどんな人か。

□正しい言葉づかいをしない生徒にどう指導するか。

→それでも聞かない場合どうするか。

→そのように指導する意味は何か。

・目指す教員像を具体的に描き，それにあった指導について答えられたらよいと感じた。

・面接官2人のうち1人が質問してきた。口調はとてもおだやかで，自然と緊張がほぐれた。リラックスが大切！

◆グループワーク(2次試験)

〈評価の観点〉

「コミュニケーション能力」「社会性，協調性」「主体性，リーダーシップ」「問題解決能力」

▼小学校教諭等・特別支援学校教諭等・栄養教諭

【テーマ】

　あなたたちは，ボランティアサークルのメンバーです。一般の方に向けて，次のような3分間の啓発動画を作成することになりました。その内容を劇で演示しなさい。ただし，特に伝えたい対象(高齢者，20代など)を明確にし，それを劇の実演前に説明すること。

□食品ロスの防止

□防災意識の向上

□プライバシー保護に対する意識の向上

※受験時間によってテーマが決まっている。

▼小学校教諭

【テーマ】

□防犯・防災の意識向上

・5〜6人のグループで劇をつくる。それぞれ考える→話しあい→発表。

▼小学校教諭

【テーマ】

111

　　□食品ロスをなくすには


▼小学校教諭　試験官3人　受験者6人　30分
【テーマ】
□みなさんはボランティアサークルのメンバーです。一般の人に向け
　て「食品ロス防止」の啓発動画の作成を行います。伝える世代を明
　確にして劇をして下さい。
・CDによって進められます。


▼中学校教諭等・高等学校教諭等・養護教諭
【テーマ】
　あなたたちは，ボランティアサークルのメンバーです。一般の方に
向けて，次のような3分間の啓発動画を作成することになりました。
その内容を劇で演示しなさい。ただし，特に伝えたい対象(高齢者，20
代など)を明確にし，それを劇の実演前に説明すること。
□公共交通機関の利用促進
□地産地消の促進
□地域コミュニティへの参加促進
※受験時間によってテーマが決まっている。


▼中学理科
【テーマ】
□みなさんはボランティアサークルのメンバーです。「地産地消」に
　ついて劇を考えて行うことになりました。ただし，対象にする年代
　を明言すること。
・会場Aで構想11分(メモ用紙はなく，問題用紙の空きスペースor裏に
　自分の考えを書く)。

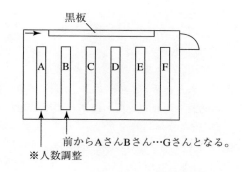

※人数調整　前からAさんBさん…Gさんとなる。

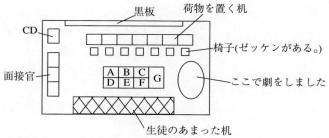

・進行は最初の流れ説明以外CDで行われた。


▼中学理科　試験官3人　受験者6人　60分

【テーマ】

□一般の人に向けて，「地産地消の促進」の啓発動画を3分間で演じなさい。その際，伝える相手を明確に(20代，高齢者など)すること。

〈流れ〉控室で10分構想を練る。個人で行い，用紙に記入可。→別室へグループごとに移動し，A〜Fのゼッケンを着て劇を行う。→17分で準備→説明→3分の劇。

・17分の活動では，1人30秒の構想発表タイムがある。その他の時間設定や司会進行は自由。フレンドリーに進行していった。

・面接官は常に我々を観察しており，指示は録音テープで行われる。


▼中学英語　試験官3人 受験者6人　60分

【テーマ】

□地産地消について，一般の方に向けてPRをするため，どの年齢層に向けて発信するかを決め，グループで3分間演劇をする(司会者の有無は指示されていない。)。

〈流れ〉準備室に入り，黒板に掲示された順に着席する。机には試験概要1枚，問題説明用紙1枚(指示があるまで見られない)が用意されている。→受験人数の調整をし，A〜Gまで割り振られ，試験の受け方の説明を受けた後，10分間個人で内容の構想を考える。問題説明用紙に書き込み可。→10分後，会場へ1列で向かう。無言で入室し，指定された場所に荷物を置き，A〜Gのゼッケンをそれぞれ着用する。ここからは放送で音声が流れ，指示に従い向かいあった席に着く。→リハーサルを含め15分程度話し合う。お互いにAさん，Bさんという呼び方をする。3分間演劇をする。→ゼッケンと問題説明用紙を指定された場所に置き，退出。

・問題説明用紙は回収されるため，メモをした内容も見られているかもしれない。

▼高校数学　試験官3人　受験者7人　30分

【テーマ】

□あなたは社会人(青年)ボランティアサークルの一員である。その一員として，「地産地消の促進」をテーマとした啓発動画を作成することになった。啓発する年代を指定した上で，テーマを啓発する3分間の劇をつくれ。

〈流れ〉控室にて試験説明後，個人思考(10分間)→試験室移動→アルファベットのプラカードを首から吊り下げ，受験番号確認後，試験開始→グループ討議(11分)，討論冒頭に各人が30秒以内で意見を述べてから具体討議へ→劇の練習(6分)→劇(3分)→終了後プレートを元に戻し，退室。

・試験説明(課題掲載)の紙は回収される。

▼高校英語

【テーマ】

□地産地消の促進について

・試験の教室に入る前に10分間1人で考える時間がある。

・その後グループ別に移動して，17分間グループで打ち合わせをし，リハーサル。3分で劇を行う。

▼特別支援　面接官3人　受験者6人

【テーマ】

□個人情報の漏洩をテーマに劇を行う。その際，どの年代を対象にしているか明示すること。

・協議→練習→実演。

・入退室時のあいさつ不要，ゼッケンがありそれを着用する。書かれたアルファベットを呼ぶ(Aさん，Bさん…のように)。

◆個人面接(2次試験)

〈評価の観点〉

　「発言の明確さ，的確さ」「使命感，意欲的態度※」「誠実さ，社会性，協調性」

　※理数枠・英語枠・地域枠の志願者については，志願する枠に対する「使命感，意欲的態度」

▼小学校教諭　面接官2人　20分

【質問内容】

□願書を中心に聞かれる。

□場面指導あり。

【場面指導質問内容】　20分

□英語授業の導入例。

□クラスに特別な支援を要する子がいた時の対処。

□ノートも教科書も忘れた子がいたら。

▼小学校教諭　面接官2人　受験者1人　15分

【質問内容】

□志願理由。

□なぜ小学校か。

□趣味は何か。

□特別支援学校でも可能か。

□英語で今の気持ちを。

□頑張っていること。

□卒論における研究事項。

□なりたい教師像。

□教員採用試験を終えたら楽しみにしていること。


▼小学校教諭　面接官2人　10分

【質問内容】

願書から(1人目の面接官より)

□免許をたくさんとっているがなぜ小学校を志望したか。

□なぜ他の免許をとろうとしたか。

□いつから教師を目指しているか，エピソードも。

□専門分野(ゼミ)と研究(卒論)について詳しく聞かれた。

　　→なぜ研究しようと思ったか

□部活動での学び，学校現場で生かせるものは？

□ピアノはどのくらいできるか。

(2人目の面接官より)

□余暇のすごし方。

□苦手をどうやって克服したか。

□長所と短所は。

□コミュニケーションをとるのが苦手な子へはどのように接するか。

　支援は。

□何を大切にして子どもと接するか。

□香川に4年間住んで感じた岡山のよさは？

▼中学理科

【質問内容】

□どうして中学を志望したか。

□県外出身なのになぜ岡山県か。

□自己肯定感について。

　→それを育むためには。

　→それでもめんどくさいと言う数人にどんな対応。

　→それでも…と深く聞かれる。

□(前の質問に答えた内容に対して)前島の実習の経験を理科の授業に
　どう生かす？

　→県北の山の学校(海に遠い場所)ではどうするか。

□特別支援への配属は大丈夫か。

□希望の勤務地はあるか。

□他の受験県は。　結果は。

□どちらも受かったら。

□どちらも落ちたら。

□山口が受かって岡山がダメだったら。

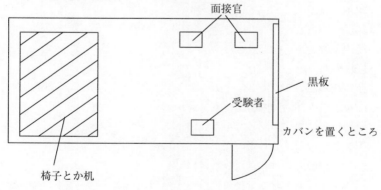

▼中学理科　面接官2人　15分

【質問内容】

□中高両方免許をもっているが，なぜ中学校を志望したのか。

□あなたの強みと弱みを教えてください。

□大学では部に入っていないが，大学時代に努力したことは何か。

□生徒と関わる中で一番大切にしていることは何か。

□受験は何回目か。

□僻地や支援学校に配属でもよいか。

□講師の経歴，学校の様子。

□担任はもったことあるか。

□教材研究(授業準備)はどの学年までできているか。

□あなたの授業中の様子。

□あなた自身もっと努力したいことは。そのための取り組みは。

□もし今年不合格だったら来年も講師をするか。

□もし，自分の授業や学校の生活がいやで非行に走る不登校生徒がいたら，どのように対応するか。

□志願書にある理科の美しさを伝えるためにどんな取り組みをしていますか。

・答えた内容にどんどん突っ込んでくる質問もあった。


▼中学英語

【質問内容】

□中学教師を目指したきっかけ。

□併願しているか。

□担任したことのある学年。

□専門外の部活動の指導でもよいか。

□特別支援学校へ配属でもよいか。

□勤務地はどこでもよいか。

□常勤講師で行ってきた分掌は何か。

□海外では何を学ぶ学校に通ったか(大学卒業後，ワーホリで語学学校に通っていたため)。

□海外へ滞在中，働いていた職業は何か。

□試験に不合格だった場合，どうするか

□1次試験に合格した要因は何と考えているか。

□最近，○市から○市へ引っ越した理由は何か。

・質問の約8割が履歴書の確認程度で終わった。

・山口県出身，岡山県常勤講師4年目。岡山県内の大学を卒業後，ワーキングホリデー制度を用いて語学学校に通ったり，現地で働く経験をした。帰国後，すぐに常勤講師として働き，通常学級1年，特別支援学級の担任経験がある。そのような経緯があったためか，2次試験の面接では，ワーホリ期間の活動，分掌，部活動など，履歴書を基に確認されるばかりの質問で，はい，いいえとしか答えようがなく1次試験の面接の質問事項とは全く違う印象を受けた。

▼高校数学　面接官2人　15分

【質問内容】

□2次試験までどのように過ごしたか。

□勤務地はどこでも大丈夫か。

□不合格になったら講師として働くか。

□情報教育の需要が高まっている中，情報の免許を取得する予定はあるか。

□苦手な人間はいるか。

　→どう接するか。

事前提出の自己推薦書を見ての質問

□(部長として)何人の部員をまとめたか。

□後輩がよくない行動をした時，どう対応したか。

□(山岳部を指導可能としているが)指導に従わない生徒には，どう対応するか。

　→山に登っている時に指導に従わない生徒がいたら，どう対応するか。

□高校時，野球部から山岳部に変えた理由は？

▼高校英語　面接官2人　20分

【質問内容】

□僻地，特支，中学校でもよいか。

□併願先について。

□自己PR文のことを具体的に。

□長所と短所は？

□どんな部活を指導できるか。

□特技を学校教育でどのように生かしたいか。

▼特支教諭　面接官2人　15分

【質問内容】(含場面指導)

□出願時の書類からの質問。

□あなたの強みは。

□視覚障害，肢体不自由児に対する指導について。

□県内に支援学校は何校あるか。

◆実技(2次試験)

　▼小学校教諭

〈評価の観点〉

　「技能に対する知識・理解」「技能の習得の状況」

〈携行品〉

体育実技のできる服装，体育館用シューズ(上履きとは別のもの)

【体育課題1】

□器械運動

【体育課題2】

□ボール運動

　▼小学校教諭　30分

【課題】

□マット　開脚前転→前転→後転→側転

□バスケットボール　ゴール板にボールを投げ返ってきたボールをジャンプキャッチ→ドリブルして三角コーンを折り返す→レイアップシュート

・練習1回，本番1回。

▼小学校教諭

【課題】

□バスケットボール　ボードにボールを下投げで当て，キャッチしてハーフラインにおいてあるコーンをドリブルしながらまわり，レイアップシュートをする。

□マット運動　開脚前転→前転→後転→側転

・見本を1回見て，練習1回，本番1回。

▼小学校教諭

【課題】

□バスケットボール　壁にあてて，ジャンプキャッチ→ドリブルでコーンをまわる→レイアップシュート。

・1回練習あり，男女ボール(大きさ)。

□マット運動　前転→開脚前転→後転→側方倒立回転

・1回練習あり。

▼中高家庭

〈評価の観点〉

「被服・食物に関する技能」「材料・用具の扱い方，作業態度」

〈携行品〉

裁縫用具，調理のできる服装

【課題1】

□食物

　家庭　食物実技

1　机上に示す3種の食品を目測し，その概量を記入しなさい(1分)。

(食品には手を触れないこと)

| A | B | C |
|---|---|---|
| g | g | g |

2　調理台にあるりんご(1／4個)を半分にし，飾り切りをしなさい。ただし，一切れは「うさぎりんご」とし，もう一切れは自由とする。完成したものは全て元の皿の上に置き，提出しなさい(5分)。

3　調理台にある材料を使って，「かき卵汁」を二人分作り，一人分を汁椀に盛り付け，番号札の所に提出しなさい。残りの一人分は，紙コップに入れ，併せて提出しなさい。また，使用した材料の分量を下表に概量(単位を含)で記入しなさい。

　　だし汁は混合だしを各自でとって使用すること。汁の塩味は，0.8％程度とする。だし汁，塩，卵，小ねぎは，下表の分量とする(20分)。

| 材　料 | 概　量 |
|---|---|
| だし汁 | ３００ml |
| 塩 | ２　g |
| しょうゆ | |
| 卵 | １　個 |
| 小 ね ぎ | ３　g |
| 片栗粉 | |
| 水 | |

【課題2】

□被服

家庭　被服実技

次の1，2をそれぞれ制限時間内に完成させなさい。

1 配付された布(白色)を(1)～(4)の指示に従って縫いなさい。なお,
縫う位置や長さは下図を参照のこと(5分)。

(1) まつり縫い,なみ縫いをすること。

(2) ボタン付けをすること。ただし,糸足を必ずつけること。

(3) (1)の糸はミシン糸を,(2)の糸は手縫い糸を使用すること。

(4) 縫い始めと縫い終わりには玉どめ・玉結びをすること。

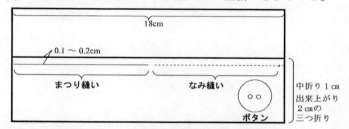

※注意:縫う位置を示す線は,実際の縫い方とは一致していない。

2 生活を豊かにするための布を用いた製作の授業として,家庭で不
要になった布製品とひもを使用して,弁当袋の製作を行う予定であ
る。

　次の(1),(2)の条件に従い,生徒に提示する見本を制限時間内に
製作しなさい。ただし,布の裁断については,余り布が出てもよい。
ひもも同様に余りが出てもよい(30分)。

[条件]

(1) 大きさは,机上の弁当箱に対して適切な大きさにすること。

(2) ミシン縫いで製作すること。


▼中高音楽

〈評価の観点〉

「音楽の知識・理解」「表現の技能」

〈携行品〉

アルトリコーダー

【課題1】

□全訳コールユーブンゲン(第1巻)No.18～No.35(原書番号)のうちから1

曲，No.48～No.59(原書番号)のうちから1曲を当日指定する。

【課題2】

□「赤とんぼ」,「早春賦」,「夏の思い出」,「花」,「浜辺の歌」のうち，
　当日指定する歌唱教材をピアノで弾き歌いする(各自で楽譜を持参
　してよい。移調も可。)。

【課題3】

□アルトリコーダーによる新曲視奏

▼中学保体

〈評価の観点〉

　「技能に対する知識・理解」「技能の習得の状況」

〈携行品〉

　体育実技のできる服装，体育館用シューズ(上履きとは別のもの)，
屋外シューズ，柔道着(武道で柔道を選択する者)

【課題1】

□ラジオ体操

【課題2】

□陸上競技

【課題3】

□器械運動

【課題4】

□球技

【課題5】

□武道(柔道又は剣道)

【課題6】

□ダンス

▼高校保体

〈評価の観点〉

「技能に対する知識・理解」「技能の習得の状況」

〈携行品〉

体育実技のできる服装，体育館用シューズ(上履きとは別のもの)，屋外シューズ，柔道着(武道で柔道を選択する者)

【課題1】

□ラジオ体操

【課題2】

□陸上競技

【課題3】

□器械運動

【課題4】

□球技

【課題5】

□武道(柔道又は剣道)又はダンス


▼中高美術　100分

〈評価の観点〉

「形態，画面構成」「明暗，配色」「テーマ性，完成度」

〈携行品〉

水彩絵の具，ポスターカラー，パレット，筆，筆洗，コンパス，はさみ，デッサン用鉛筆，練りゴム又は消しゴム，計り棒(必要とする者のみ)，作業着(必要とする者のみ)，筆ふき用の布

【課題1】

□デッサン

机上にあるモチーフを，それぞれの特徴がよく表れるように配置し，構図を考え，画用紙に鉛筆デッサンせよ。

使用するモチーフ…木の板，ペンチ，松ぼっくり，のり，バレン

【課題2】

□平面構成

ケント紙に10×24cmの長方形を書き，次の課題をせよ。

> 　長方形の中心を境とし，左側に「強風」を，右側に「穏やか
> な風」というテーマで平面構成し，ポスターカラーでそれぞれ
> 塗りなさい。　ただし，裏面に制作のコンセプトを簡潔に記入
> すること。

▼高校書道　120分

〈評価の観点〉

「字形」「構成」「線質」「表現力」

〈携行品〉

　すずり，墨(墨汁可)，筆(大，中，小，かな用)，下敷(条幅用を含む)，文鎮，練習用紙

【課題】

□漢字かな交じりの書，漢字，かな

【問1】次の図版1を半紙に，図版2を仮名用の紙に臨書せよ。なお，紙
　　　は縦長に使用し，図版2については，この図版の大きさで臨書する
　　　こと。

図版1

（部分・原寸）

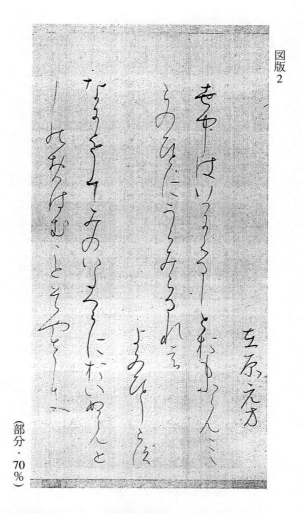

（部分・70％）

図版2

【問2】次の短歌を全紙1／3に，漢字仮名交じりの書で創作せよ。(漢字，仮名の変更は認めない。紙は横長に使用すること。)

「白鳥はかなしからずや空の青海のあをにも染まずただよふ」

127

【問3】次の演題を模造紙に体裁よくまとめよ。ただし，用紙は縦長で
使用し，文字は縦書きにすること。

創立七十周年記念講演会
演題「未来を担う若者へ」
講師　教育センター所長　岡山　桃太郎

【問4】次の①漢字，②仮名のいずれか一つを選び，半切に創作せよ。

(書体，改行は自由。紙は縦長に使用すること。)

```
②        ①
仮        漢
名        字

く  な     渉
も  つ     世
の  の     百
い  よ     年
づ  は     眞
こ        逆
に    ま   旅
      だ   忘
つ  よ     機
き  ひ     萬
や  な     事
ど  が     卽
る  ら     安
ら    あ   心
む    け
      ぬ
      る
      を
```

◆模擬授業・口頭試問(2次試験)

〈評価の観点〉

「児童・生徒の理解」「教科指導（保健指導）に関する知識・技能の保有」「使命感，教育的愛情」「意欲的態度，誠実さ，社会性，協調性」「発言の明確さ，的確さ」

▼小学校教諭　試験官2人　受験者1人　30分

【課題】

□社会…元寇(6年)

□算数…立体(4年)　からどちらかを選ぶ

・3分で考えて5分授業。
・その後授業についての面接がある。

▼小学校教諭　試験官2人　受験者1人　20分
【課題】
□国語「さけが大きくなるまで」2年
□算数「数の変化」5年　のいずれか1つ
・その後の口頭試問で，気をつけたところ，課題，今後の展開を聞かれた。

▼小学校教諭　試験官2人　受験者1人　20分
【課題】
□国語　「詩」3年
□理科　「ものの燃え方」6年　のいずれか1つ
・面接官が児童役をしてくれる。時々問題行動をする(ノート忘れ，それを他の児童が指摘する，他のクラスはとっくに終わってるよ，答えがすぐわかる，など)。
・構想3分，模擬6分。
【口頭試問　質問内容】
□新任で不安だと言われたら。
□保護者との連携で大切にしたいこと。
□家庭への情報発信をどうやってするか。
□問題解決学習とは何か。どんな教科でどのように実践するか。
□社会に開かれた教育課程とはどのような取り組みがあるか。

▼中学理科
【課題】
□有性生殖と無性生殖(3枚のカードから引いた)
・3分構想→6分授業(メモはできない。)
・ホワイトボードだった。(岡山南高校)

・1分構想発表はなかった。

・4分30秒くらいの時に，「先生，他のクラスはもう次進んどるんじゃけど，はやくしてーや」という茶々(急にくる)が入った。

・生徒役の面接官は当ててはならないが，問題行動には対応しなければならない。どんな質問に対してどんな答えを生徒がしたのかを答えるように(言うように)言われた。

【口頭試問　質問内容】

□理科で身につけさせたい力は。

□今日の授業で意識したことは。

□生徒を怒ったことで保護者からクレームがあった。どう対応するか。

□授業で意識したこと。

□授業中立ち歩く生徒に対して。

□生徒を指導した後何故うちの子をひどく叱るのかとクレームがあった。どう対応するか。

【実技課題】

□①5mlの溶液を駒込ピペットを使って試験管に計りとる。

　→他に正確に計りとるには(理科室にあるもので)。

□②ケースの中の鉱物をルーペで見る(おちょこくらいのケース)。

　→双眼実体顕微鏡でさらに見る。

　→その中の鉱物を有色・無色1個ずつ見る。

　→双眼実体顕微鏡を使ってほかにどの実験で使えるか。

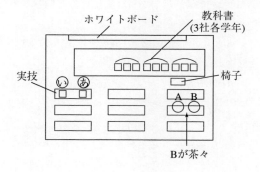

131

▼中学理科　試験官2人　25分

【課題】

□1年　裸子･植物

・入室し，受験番号を答える。3枚のカードから1枚を引き，書かれて
　いる題の模擬授業を行う。教科書は東書，啓林，学図それぞれ3学
　年分用意されている。

・準備されていない写真や資料を提示する場合は「掲示したとします」
　と一言伝える。

・3分で構成を考え，すぐ6分間の模擬授業(導入)に入る。挨拶や点呼
　は行わない。

・教師から生徒へ指名する場合，どんな返答がくるのか自分で説明し
　て進める。

・面接官が授業中質問することもあるが，指名はしない。

・ホワイトボードで授業を行った。赤黒青のペンがある。

・めあてを提示した際，生徒役の試験官から「なんでそんなこと勉強
　しなきゃいけないの」と質問された。

【口頭試問　質問内容】

□今回の授業で工夫した点は。

□今回行った単元で，生徒に身につけさせたい力は何か。

□授業になかなか集中できない子がいたらどう支援するか。

【実技課題】

□①試薬びんから試験管へ，試薬を5ml量り取る。駒込ピペットの操
　作を見られる。

□②火山灰をルーペと双眼実体顕微鏡で観察する。その後，火山灰に
　含まれる有色鉱物と無色鉱物を1つずつ答える。

【実技の口頭試問　質問内容】

□双眼実体顕微鏡のピントが合わないといった生徒がいる場合，どう
　支援するか。

□試薬びんの量り取りを生徒にさせるとき，1つだけ気を付けさせる
　ことは何か。

□理科の授業開きで，「実験の危険」以外で生徒に伝えたいことは何
　か。


▼中学英語　試験官2人　20分
【課題】
□3年教科書見開き1ページのプリント2枚(表向き)から，いずれかを選
　ぶ。
・3分間準備，開始前に授業の目標を伝え，6分間授業を行う。
・チョークと黒板のみ使用可。
・終了後，口頭試問。
【口頭試問　質問内容】
(日本語)
□今の授業の反省。
□あなたの考える言語活動とは何か。
□今行った授業の言語活動を，より効果的に行うにはどうすればよい
　か。
(英語)
□岡山県で中学教師を目指した理由。
□あなたのこれまでの経験をどのように子どもに伝えていくか。
□授業中，あなたのことを無視する生徒がいた場合，どのように対応
　するか。


▼高校数学　試験官2人　受験者1人　20分
【課題】
□高次方程式(3次方程式)の問題を扱う授業。
・導入から展開までの部分を行うよう指示があった。
・机の上に問題のみが書かれたカードが裏向きに6枚伏せてあり，そ
　の中から1枚選ぶ。
・構想(1分)後，授業8分ほど。
【口頭試問　質問内容】

□模擬授業で工夫したところ，指導のポイントを言ってください。

□数学を通してどういう生徒を育てたいか。

　→それを達成するために，どのような授業をするか。

　→具体的な授業例を1つ挙げて簡単に説明してください。

□学級経営の面で気をつけたいことは何か。

□指導に関して，自分と意見の合わない教師がいたら，どう接するか。

・模擬授業会場はホワイトボードであった。

・模擬授業で試験官の1名が生徒役をしたが，問題行動を起こしたり，質問をしてきたりすることはなかった。私も生徒役に当てたりすることもしていない。


▼高校英語　面接官2人　受験者1人

【課題】(英語で)

□教科書の1部分の授業

・3分で準備して6分授業

・設定は，本文の内容を理解したあとの言語活動

【口頭試問　質問内容】(英語による質疑応答)

□高校時代の思い出は。

□教員として生かせると思う自分の性格は。

□英語を教えるのはネイティブがよいと言われることに関してどう考えるか。

□どんな授業をしたいか。

□CAN-DOリストについてどう考えるか。

□reflectionについてどう考えるか。


▼特別支援　面接官2人　受験者1人　30分

【課題】

□さんすう「おもさ」

□生活単元学習「たこやきパーティをしよう」　いずれか1つ選んで導入部分を行う。

・面接官のうち1名が児童役，1名が見ている。

### 2020年度　岡山市

◆集団活動(1次試験)

〈評価の観点〉

「コミュニケーション能力」「社会性，協調性」「主体性」

【テーマ】

□「テレビ」について，その強み(良い面)と弱み(悪い面)を話し合い，強み(良い面)をアピールするための方策を発表しなさい。

□「スマートフォン」について，その強み(良い面)と弱み(悪い面)を話し合い，強み(良い面)をアピールするための方策を発表しなさい。

□「人工知能(AI)について，その強み(良い面)と弱み(悪い面)を話し合い，強み(良い面)をアピールするための方策を発表しなさい。

□「ネットショッピング」について，その強み(良い面)と弱み(悪い面)を話し合い，強み(良い面)をアピールするための方策を発表しなさい。

□「農業」について，その強み(良い面)と弱み(悪い面)を話し合い，強み(良い面)をアピールするための方策を発表しなさい。

□「SNS(ソーシャル・ネットワーキング・サービス)」について，その強み(良い面)と弱み(悪い面)を考察し，強み(良い面)をアピールするための方策を発表しなさい。

▼小学校教諭　面接官5〜6人　受験者5人×2グループ

【テーマ】

□テレビの強み，弱みについて話し合い，強みを生かした方策について発表しなさい。

・23分自由にグループで話し合い→5分で発表→1分で相手グループの感想を述べる(順番は挙手制)。

▼中学国語　面接官3人　受験者10人　40分

【テーマ】

□AIのメリットとデメリットについて話し合い，AIのよさについて発表しなさい。

・5人1グループでAとBに分かれそれぞれ与えられたテーマについて話し合いその後発表する。最後に1人ずつ他グループの発表について感想を述べる。

・岡山市の一次試験は筆記よりも集団活動を重視しているような印象だった。

◆個人面接(2次試験)

〈評価の観点〉

「コミュニケーション能力」「意欲的態度，使命感」「教育的愛情，向上心」「社会性，協調性」

▼小学校教諭　面接官2人　30分

【質問内容】

□志望動機。

□中学・高校の部活での役職。

□吹奏楽部で担当していた楽器。

□吹奏楽の指導をするならどんなことを大切にしたいか。

□理想とする教師像は。

□どんな学級をつくりたいか。

□実際に学力づくりで取り組みたいことは。

□教師になる上で自分に今足りていないことは。

□自分の弱みは。

▼中学国語　面接官2人　20分

【質問内容】

□他にどこの自治体を受けたか。

□教員を目指そうと思ったのはいつか。

□最近気になったニュースは何か。

・各質問につき2，3つ追質問があった。

◆実技(2次試験)

▼小学校教諭

【音楽課題】

□ピアノによる弾き歌い

　学習指導要領に示された歌唱共通教材「スキーの歌」を，前奏付きで2番まで演奏する(当日，楽譜が必要な者は各自持参する。移調も可。)。

〈評価の観点〉

技能及ひ表現力

【体育課題1】

□器械運動　マット運動，跳び箱運動

【体育課題2】

□水泳　25m(クロール・平泳ぎのいずれかの泳法を当日指定)

【体育課題3】

□ボール運動　バスケットボール

〈携行品〉

　体育実技のできる服装(水泳着は競技用又はそれに準ずるもの。水泳帽は着用すること。ゴーグルは使用してもよい。)，体育館用シューズ(上履きとは別のもの)

〈評価の観点〉

　技能の習得状況

▼小学校教諭

【音楽課題】

□「スキーの歌」弾き歌い

・前奏あり後奏なし。

・楽譜は特に指定なし。

【体育課題】

□バスケットボール　8の字ドリブル→レイアップシュート

□マット運動　開脚跳び(跳び箱)→側方倒立回転

□水泳　クロール(25m)


▼中学技術

【課題】

□木製品の製作

〈携行品〉

　作業のできる服装

〈評価の観点〉

　技能及び工夫し創造する能力


▼中学家庭

【課題】

□被服

〈携行品〉

　裁縫道具

〈評価の観点〉

　技能及び工夫し創造する能力


▼中学音楽

【課題1】

□ピアノによる弾き歌い

　学習指導要領に示された歌唱共通教材「赤とんぼ」「荒城の月」「早春賦」「夏の思い出」「花」「浜辺の歌」のうち，当日指示する1曲を，前奏付きで2番まで演奏する(当日，楽譜が必要な者は各自持参する。移調も可。)。

【課題2】

□アルトリコーダーによる新曲視奏

〈携行品〉

　アルトリコーダー

〈評価の観点〉

　技能及ひ表現力


▼中学保体

【課題1】

□器械運動　マット運動，跳び箱運動

【課題2】

□陸上競技　ハードル走，走り高跳び

【課題3】

□水泳　50m(クロールで25m，平泳ぎで25mを連続して泳ぐ)

【課題4】

□球技　ゴール型，ネット型，ベースボール型のいずれか1種目を当
　日指定

【課題5】

□武道　柔道，剣道

【課題6】

□ダンス

〈携行品〉

　体育実技のできる服装(水泳着は競技用又はそれに準ずるもの。水泳
帽は着用すること。ゴーグルは使用してもよい。)，体育館用シューズ
(上履きとは別のもの)，屋外シューズ及び柔道着

〈評価の観点〉

技能の習得状況


▼中学美術

【課題1】

□デッサン
【課題2】
□平面構成
〈携行品〉
　ポスターカラー，パレット，筆，筆洗，定規，コンパス，はさみ，デッサン用鉛筆，練りゴム又は消しゴム，筆ふき用の布，マスキングテープ，作業のできる服装
〈評価の観点〉
技能及び表現力

※小学校(英語枠，小中連携推進枠，特別支援教育推進枠)においては，音楽と体育の両方の実技式験を受験すること。
※中学校(小中連携推進枠，特別支援教育推進枠を含む)においては，出願した教科の実技試験を受験すること。


◆模擬授業(模擬場面指導)・口頭試問(2次試験)
〈評価の観点〉
「教科指導(保育指導) に関する知識・技能の保有」「児童・生徒の理解」「柔軟性」「コミュニケーション能力」「教育的愛情，向上心」
▼小学校教諭　面接官2人　受験者1人　25分
【課題】
□算数
□社会の教科書　見開き1ページを渡され，いずれか1つ選び授業をする。
・構想は3分で，6分授業をする
【口頭試問　質問内容】
□授業で工夫したところ。
□1年間不登校の児童をその次の年に担任するならどうするか。
□宿題をしてこない児童に対してどう指導するか。

□道徳で大事にすることは。

▼中学国語　面接官2人　受験者1人　40分

【課題】

□教科書の見開き1ページのコピーが2枚用意されどちらかを選んで模
　擬授業を行う。

・その後模擬授業の反省と口頭試問を行う。

## 2019年度　岡山県

◆個人面接(1次試験)　面接官2人　10分

　※主な評価の観点は,「発言の明確さ, 的確さ」「使命感, 意欲的態度」
　　「誠実さ, 社会性, 協調性」である。

▼中学数学

【質問内容】

□なぜたくさんある職業から教師を選んだのか。

□部活指導で大切にしたいこと。

　　→返答に対して再度質問。

□情報モラルについて

・本当は個人面接の予定だったが, 大雨で1次試験が延期となり, 急
　遽受験者2人の面接になった。

▼中学英語

【質問内容】

□中学校の特別選考を受けた理由。

　　→今までの経験を伝えたい。

　　→どのような経験があるか。

□新学習指導要領で小中高の接続が重要視されています。どう取り組
　むか。

□自己分析をして自分に足りないこと。

□教育実習で真面目に取り組まない生徒はいたか。具体的にどのような生徒がいてどう対応したか。
　→それでも聞かなかったらどうするか。
□熱心に取り組んでいること。
□英語力をあげるため日々取り組んでいること。
□スピーキング力をあげるために取り組んでいること。
□スピーキングの具体的な授業方法
□ALTとうまく付き合うために。

▼高校国語
【質問内容】
□教員の仕事のやりがいとはなにか。
□教員間で円滑な関係を築くにはどうしたらよいか。
□授業で「正しい言葉遣い」についての指導をする。どのような指導をするか。
　→それでも生徒に伝わらない場合どうするか。
　→生徒の言葉遣いが乱れている原因はなにか。

▼養護教諭
【質問内容】
□なぜ養護教諭を志望するのか。
□長所とそれがどのように養教として役立つか。
□養教として，これから身に付けたい力は？
□たばこの害の指導について
・西日本豪雨で日程変更になったため，受験生2人で個人面接として実施した。番号を言われた人から個人面接をしたので，集団面接よりは個人面接に近かった。

▼養護教諭
【質問内容】

□どんな養護教諭になりたいか。

　→そのためにしていること。

□保護者からの信頼を得るためにはなにが大切か。

□飲酒についての保健指導をしましたが，生徒は誰も聞いていません。どう対応するか。

　→それでも聞かない場合は？

・1次試験は本来個人面接であるが，豪雨の影響で集団面接に変更。


▼養護教諭

【質問内容】

□養護教諭の志望理由

□あなたの経験上の強みはなにか。

□これから力を入れていきたいことはなにか。

□熱中症と思われる症状の生徒が複数来室しました。どう対応するか。

□他の先生と意見が合わない場合は，どう対応するか。

・通常は個人面接ですが，集中豪雨で試験日が変更されたため，集団面接になりました。


◆グループワーク(2次試験)　面接官3人　受験者6人　30分

※主な評価の観点は，「コミュニケーション能力」「社会性，協調性」「主体性，リーダーシップ」「問題解決能力」である。

※はじめに，テーマについて各自で10分間の構想を行う。次に，受験者間で10分間の話し合いを行う。そして，劇のリハーサルを5分間行ったあと，劇の実演を3分間行う。

※司会の有無は問わない。

▼小学校教諭等，特支教諭等，栄養教諭

【テーマ】

□あなたたちは，ボランティアサークルのメンバーです。一般の方に向けて，次のような3分間の啓発動画を作成することになりました。

その内容を劇で演示しなさい。

●「交通マナーの向上」

□あなたたちは，ボランティアサークルのメンバーです。一般の方に向けて，次のような3分間の啓発動画を作成することになりました。その内容を劇で演示しなさい。

●「公共の場でのマナーの向上」

□あなたたちは，ボランティアサークルのメンバーです。一般の方に向けて，次のような3分間の啓発動画を作成することになりました。その内容を劇で演示しなさい。

●「各家庭での省エネ（省エネルギー）の促進」


▼中学校教諭等，高等学校教諭等，養護教諭

【テーマ】

□あなたたちは，ボランティアサークルのメンバーです。一般の方に向けて，次のような3分間の啓発動画を作成することになりました。その内容を劇で演示しなさい。

●「各家庭でのリサイクルの促進」

□あなたたちは，ボランティアサークルのメンバーです。一般の方に向けて，次のような3分間の啓発動画を作成することになりました。その内容を劇で演示しなさい。

●「防犯意識の向上」

□あなたたちは，ボランティアサークルのメンバーです。一般の方に向けて，次のような3分間の啓発動画を作成することになりました。その内容を劇で演示しなさい。

●「各家庭での健康管理に対する意識の向上」

・指示や時間のお知らせはCDの音声に従う。


◆個人面接(2次試験)　面接官2人　20分

※主な評価の観点は，「発言の明確さ，的確さ」「使命感，意欲的態度」

「誠実さ，社会性，協調性」である。

▼中学数学

【質問内容】

□志願書からいくつか質問

□僻地でも大丈夫か。

□特別支援学校でも大丈夫か。

□授業中にゲーム機で遊んでいた生徒に対しての対応

□いじめに関して

▼養護教諭

【質問内容】

□志望理由

□岡山の魅力

□なぜ養護教諭？

□実習で子どもにどんな授業をしたか。

　　→実際にしてみて下さい。

□実習で大変だったことは？

□希望の校種を理由

□岡山以外の受験状況

□不合格だったらどうするか。

□ストレスの対処法

□大学生でクラブをしなかったのはなぜか。

□学生時代で一番の困難や挫折はなにか。

▼養護教諭

【質問内容】

□養護教諭になろうと思ったきっかけ

□今と昔の中学校の違い

□夢は途中で変わらなかったのか

□養教を目指すために具体的にしていること

□(講師経験で)授業に参加しているか
□具体的にどんな授業をしてみたいか
□中学校と高校で部活動が違う理由
□去年の試験の反省
□どの種類の試験内容が苦手か
□自分の長所
□複数配置の先生に教えてもらったこと
□複数配置の先生の大変なこと
□失敗したことがあるか
□仕事を減らすためになにかしていることはあるか

◆実技試験(2次試験)
　▼小学校教諭
【体育課題1】
□ラジオ体操
【体育課題2】
□器械運動
【体育課題3】
□ボール運動
【音楽課題】
□学習指導要領に示された歌唱共通教材「夕やけこやけ」,「ふじ山」,
　「さくらさくら」,「とんび」,「ふるさと」のうち,当日指定する曲
　をピアノで弾き歌いする(各自で楽譜を持参してよい。移調も可。)。
※体育実技のできる服装及び体育館用シューズ(上履きとは別のもの)
　を携行品とする。
※主な評価の観点は,体育課題は「技能に対する知識・理解」「技能
　の習得の状況」,音楽課題は「音楽の知識・理解」「表現の技能」で
　ある。

▼中学保体

【課題1】

□ラジオ体操

【課題2】

□陸上競技

【課題3】

□器械運動

【課題4】

□球技

【課題5】

□武道(柔道又は剣道)

【課題6】

□ダンス

※体育実技のできる服装，体育館用シューズ(上履きとは別のもの)，
　屋外シューズ，柔道着(武道で柔道を選択する者)を携行品とする。

※主な評価の観点は，「技能に対する知識・理解」「技能の習得の状況」
　である。

▼高校保体

【課題1】

□ラジオ体操

【課題2】

□陸上競技

【課題3】

□器械運動

【課題4】

□球技

【課題5】

□武道(柔道又は剣道)又はダンス

※体育実技のできる服装，体育館用シューズ(上履きとは別のもの)，

屋外シューズ，柔道着(武道で柔道を選択する者)を携行品とする。

※主な評価の観点は，「技能に対する知識・理解」「技能の習得の状況」
である。


▼中高音楽

【課題1】

□全訳コールユーブンゲン(第1巻)No.18〜No.35(原書番号)のうちから1
曲，No.48〜No.59(原書番号)のうちから1曲を当日指定する。

【課題2】

□「赤とんぼ」，「早春賦」，「夏の思い出」，「花」，「浜辺の歌」のうち，
当日指定する歌唱教材をピアノで弾き歌いする(各自で楽譜を持参
してよい。移調も可。)。

【課題3】

□アルト・リコーダーによる新曲視奏

※アルト・リコーダーを携行品とする。

※主な評価の観点は，「音楽の知識・理解」「表現の技能」である。


▼中高美術　100分

【デッサン課題】

□机上にあるモチーフを，それぞれの特徴がよく表れるように配置し，
構図を考え，画用紙に鉛筆デッサンせよ。

使用するモチーフ…トイレットペーパー，木の板，ハサミ，手引き
糸鋸，松ぼっくり

【平面構成課題】

□ケント紙に10×24(cm)の長方形を書き，次の課題をせよ。

長方形の中心を境とし，左側に「明るい気持ち」を，右側に「暗い
気持ち」というテーマで平面構成し，ポスターカラーでそれぞれ塗
りなさい。

ただし，裏面に制作のコンセプトを簡潔に記入すること。

※水彩絵の具，ポスターカラー，パレット，筆，筆洗，コンパス，は

さみ，デッサン用鉛筆，練りゴム又は消しゴム，計り棒(必要とする者のみ)，作業着(必要とする者のみ)，筆ふき用の布を携行品とする。

※主な評価の観点は，「形態，画面構成」「明暗，配色」「テーマ性，完成度」である。


▼中高家庭

【被服課題】

□家庭で不要になった布製品を使用して，ブックカバーの製作を授業で行う予定である。

　次の(1)～(5)の条件に従い，生徒に提示する見本を制限時間内に製作しなさい。

(1)　大きさは，机上の本にあう大きさにすること。

(2)　図のように，上部の縫い代はまつり縫い(手縫い)で始末すること。

(3)　図のように，下部の縫い代はなみ縫い(手縫い)で始末すること。

(4)　(2), (3)以外はミシン縫いで製作すること。

(5)　ボタン1個は，実用または，飾りとして必ずどこかに使用し，手縫い糸一本どりで糸足をつけること。

(6)　リボンは，実用または，飾りとして使用してもしなくてもどちらでもよい。

　　　【出来上がり図】

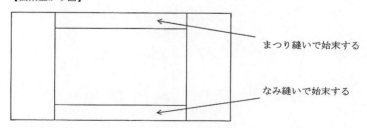

　　　　　　　　　　　　　　　　　　まつり縫いで始末する

　　　　　　　　　　　　　　　　　　なみ縫いで始末する

【食物課題1】

□さとう(上白糖)6gを計量スプーンで計量し，皿の上に計量スプーン

ごと置きなさい。(1分)

【食物課題2】

□調理台の材料のうち，必要なものを使って，「涼拌絲(一人分)を作り，指定の器に盛りつけなさい。台の上の材料は，きゅうり約30g，卵25g，ハム約10g，はるさめ8g，である。また，「涼拌絲のための「かけ酢」(一人分)を作り，使用した調味料等の分量を下表の表に概量で記入しなさい。使用しなかったものについては空欄でよい。

| | 調味料 | 概量 |
|---|---|---|
| 記入例→ | 酒 | 小さじ1／2 |
| | さとう | |
| | 塩 | |
| | サラダ油 | |
| | ごま油 | |
| | しょうゆ | |
| | 酢 | |

※裁縫用具，調理のできる服装を携行品とする。

※主な評価の観点は，「被服・食物に関する技能」「材料・用具の扱い方，作業態度」である。


◆模擬授業(2次試験)　面接官2人　受験者1人　30分

※口頭試問を含む。

※養護教諭は，模擬授業の代わりに，模擬場面指導・口頭試問を実施する。

※主な評価の観点は，「児童・生徒の理解」「教科指導（保健指導）に関する知識・技能の保有」「使命感，教育的愛情」「意欲的態度，誠実さ，社会性，協調性」「発言の明確さ，的確さ」である。

※はじめに，課題について3分間の構想を行う。その後，今から行う
　授業についての展開を1分間で説明してから，6分間の模擬授業を実
　施する。最後に，15分間の口頭試問をする。
※メモを取ることはできない。
▼養護教諭
【課題】
□健康相談：給食を残しがちな子への健康相談(小6・女児)。
□救急処置：突き指をした子に処置をしなさい(実技)。
〈口頭試問〉
□嘔吐の処置について，心のケアについて(虐待)
□健康相談について(先に行った場面指導で意識した点)
□感染症について(どんな対応をするか)
・女性の試験官で緊張感があった。
・場面指導は試験官の1人とロールプレイング形式だった。


▼養護教諭
【課題】
□保健指導(6分)：小4女子　すり傷で来室(泣いて痛がってなかなか手
　当ができない)
・面接官が子ども役
□救急処置(2分)：高2男子　爪の保護(包帯，ふくし，テープ，ガーゼ
　が用意してある)
〈口頭試問〉
□場面指導で気をつけたこと。
□指導を受けて子どもが感じたこと。
□志望理由
□保健室の機能3つ。
　→それぞれの理由
□災害のとき，保健室経営をどう行っていくか。
□内科健診で上半身裸にしないで，と言われたらどうするか。

　　→学校医に相談してもダメと言われたらどうするか。
　□性教育を行う上で大切にしたいことはなにか。
　　→どうやって実態を把握するか。

## 2019年度　岡山市

◆集団活動(1次試験)　面接官3〜6人　受験者4〜10人　20〜45分

※はじめに，テーマについて各自で3分間の構想を行う。次に，受験者を2つのグループに分けて，各グループごとに話し合い，発表練習，掲示物作りを20分間で行う。そして，1グループ5分間で発表を行ったあと，相手グループの発表に対する感想を一人1分間で述べる。

※主な評価の観点：「コミュニケーション能力」「社会性，協調性」「主体性」

【テーマ】

□日本に空き店舗が何件あるかを推測し，推測したことをもとに『空き店舗についてグループで考えたこと』を発表してください。

□日本のマイカー通勤者数を推測し，推測したことをもとに『マイカー通勤についてグループで考えたこと』を発表してください。

□1年間に日本の電車内に置き忘れられた傘の本数を推測し，推測したことをもとに『置き忘れられた傘についてグループで考えたこと』を発表してください。

□1年間に日本で消費される割り箸の本数を推測し，推測したことをもとに『消費される割り箸についてグループで考えたこと』を発表してください。

□1年間に日本で消費されるペットボトルの本数を推測し，推測したことをもとに『消費されるペットボトルについてグループで考えたこと』を発表してください。

□1年間に日本を訪れる外国人観光客数を推測し，推測したことをも

とに『外国人観光客についてグループで考えたこと』を発表してください。

◆個人面接(2次試験)　面接官2人　20分
　※主な評価の観点：「コミュニケーション能力」「意欲的態度，使命感」「教育的愛情，向上心」「社会性，協調性」
　▼小学校
　【質問内容】
　□志願理由
　□どんな学級にしたいか。
　□アルバイトで学んだこと。
　□サークル活動で学んだこと。
　□免許の種類
　□落ちた場合はどうするか。

　▼小学校
　【質問内容】
　□高校・大学での部活動について
　□岡山市志望理由
　□小学校志望理由

　▼小学校
　【質問内容】
　□願書に書いたことから質問された。
　・20分という短い時間だったが，次々と質問がくるので，10問以上は質問された。
　・追質問もくるので，戸惑ったが笑顔で対応した。
　▼中学英語
　【質問内容】

□志願理由

□教師を目指したのはいつからか。

□高校で部活をしなかった理由

□部活動の顧問は未経験の運動部でも大丈夫か。

□授業でいうことを聞かない生徒への対応

□自分の長所と短所。

□アルバイトをしているか。

　　→クレームを受けたことはあるか。

□人間関係をつくる上で大切にしていることはなにか。

□理想の教師像

□岡山市内のどこでも勤務可能か。

□生徒と関わるためのスタンスはどのようなものか。

□英語を通して生徒に身につけさせたい力はなにか。

□大学でのサークル活動や留学について

・願書の自己PRから多くの質問があった。

・前半で1人目の面接官からの質問，後半で2人目からの質問だった。


▼中学英語

【質問内容】

□志望理由

□高校や大学の部活

□自分を動物に例えるとなにか。

□併願しているか。

□どこでも勤務できるか。

□不合格ならどうするか。

□どんな学級にするか。

□どの学年を持ちたいか。

□短所

・主に願書から聞かれました。

◆実技試験(2次試験)

▼小学校教諭

【音楽課題】

□ピアノによる弾き歌い

　学習指導要領に示された歌唱共通教材『こいのぼり』を，前奏付きで2番まで演奏する(各自で楽譜を持参してもよい。移調も可。)。

※主な評価の観点：「技能及び表現力」

【体育課題1】

□器械運動

　マット運動，跳び箱運動

【体育課題2】

□水泳

　25m(クロール及び平泳ぎ)

【体育課題3】

□ボール運動

　バスケットボール

　ジグザグドリブル→レイアップシュート

※携行品は，体育実技のできる服装(水泳着は競技用又はそれに準ずるもの。水泳帽は着用すること。ゴーグルは使用してもよい。)，体育館用シューズ(上履きとは別のもの)である。

※主な評価の観点：「技能の習得状況」


▼中学音楽

【課題1】

□ピアノによる弾き歌い

　学習指導要領に示された歌唱共通教材『赤とんぼ』『荒城の月』『早春賦』『夏の思い出』『花』『花の街』『浜辺の歌』のうち，当日指示する1曲を，前奏付きで2番まで演奏する(各自で楽譜を持参してもよい。移調も可。)。

【課題2】

□アルトリコーダーによる新曲視奏

※携行品は，アルトリコーダーである。

※主な評価の観点：「技能及び表現力」

▼中学美術

【課題1】

□「デッサン」

【課題2】

□「平面構成」

※携行品は，ポスターカラー，パレット，筆，筆洗，定規，コンパス，
　はさみ，デッサン用鉛筆，練りゴム又は消しゴム，筆ふき用の布，
　マスキングテープ，作業のできる服装である。

※主な評価の観点：「技能及び表現力」

▼中学家庭

【課題】

□調理

※携行品は，調理のできる服装である。

※主な評価の観点：「技能及び工夫し創造する能力」

▼中学技術

【課題】

□木製品の設計と製作

※携行品は，作業のできる服装である。

※主な評価の観点：「技能及び工夫し創造する能力」

▼中学保体

【課題1】

□器械運動

　マット運動，跳び箱運動

【課題2】

□陸上競技

　ハードル走

【課題3】

□水泳

　50m(クロールで25m，平泳ぎで25mを連続して泳ぐ。)

【課題4】

□球技

　ゴール型，ネット型，ベースボール型のうち1種目を指定する。

【課題5】

□武道

　柔道，剣道

【課題6】

□ダンス

※携行品は，体育実技のできる服装(水泳着は競技用又はそれに準ずる
　もの。水泳帽は着用すること。ゴーグルは使用してもよい。)，体育
　館用シューズ(上履きとは別のもの)及び屋外シューズ，柔道着であ
　る。

※主な評価の観点：「技能の習得状況」


◆模擬授業(2次試験)　面接官2人　受験者1人　10分

※口頭試問を含む。

※養護教諭は，模擬授業の代わりに，模擬場面指導・口頭試問を実施
　する。

※はじめに課題について3分間の構想を行った後，導入部分または展
　開部分から6分間の模擬授業を実施する。なお，養護教諭の場合は，
　構想1分間，指導3分間で実施する。

※主な評価の観点：「教科指導(保健指導)に関する知識・技能の保有」
　「児童・生徒の理解」「柔軟性」「コミュニケーション能力」「教育的

愛情, 向上心」

▼小学校教諭
【課題】
□2年生「似た意味の言葉, 反対の意味の言葉」
〈口頭試問〉
□道徳教育を野外活動に生かすにはどうするのがよいか。
□他の同僚と違う意見をもった場合どうするか。
□表現が苦手な子にどう対応するか。
□席に座れない子にどう対応するか。

▼中学英語
【課題】
□関係代名詞の省略　ex)The boy (who is) sitting on the chair is Nick.
・生徒とのインターアクションが求められた。
・生徒役の試験官はまじめに聞いていて, 質問を投げかけても正しい
　返答をする。

▼中学英語
【課題】
□助動詞must
※裏向きにされた2枚の教科書(中2)のコピーから1枚を選び, 構想(メ
　モ可)
※教卓に, 教科書のコピー・鉛筆・消しゴム・マグネット, 黒板にチ
　ョーク3色(白, 赤, 黄)・黒板消し(全て使用可)
・試験官を生徒と見立て, interactiveな授業をするように, と最初に言
　われた。
・試験官は2人とも積極的に発表, ペアワークをしてくれた。
・1人は例文の単語の意味を2回尋ねてきた。

# 2018年度　岡山県

◆個人面接(1次試験)　面接官2人　10分

※主な評価の観点は，「発言の明確さ，的確さ」「使命感，意欲的態度」「誠実さ，社会性，協調性」である。

▼小学校教諭

【質問内容】

□なぜ小学校を志望したか。

□児童の基礎知識の定着をさせるにはどうするか。

□運動会の前であまり盛り上がらないクラスがある場合，どう対応するか。

　→それでもまだ気がのらない児童への対応

□インターネットの危険性についての授業に聞く耳をもたない児童がいた場合，どう対応するか。

□GT教育のメリットとデメリットはなにか。

▼小学校教諭

【質問内容】

□教師の志望理由

□講師をしていてやりがいを感じるときはどんなときか。

□あなたのアピールポイントはなにか。

　→それをどのように子どもに伝えるか。

　→その方法ではうまく伝わらなかった場合，どうするか。

□運動会で運動が苦手な子がいる場合，どうするか。

□お金の使い方について，児童にどう指導するか。

・圧迫面接で，1つのことをしつこく問われる。

▼中学理科

【質問内容】

□中学校の教員を目指そうと思ったきっかけはなにか。

□理想の教師像に近づくために，あなたが普段努力していることはな
　にか。
□信頼される教師とはどのようなものか。
　→そのような教師になった場合，生徒との関わりの中でそれはどの
　　ように生かされるか。
□生徒に規則正しい生活を身につけさせるためにはどうすればよい
　か。
□今日，学校に協力的でない保護者が増えているが，どのように対処
　するか。
　→具体的な案はあるか。
・「分かりません」と答えると，「そうですね，現場に出てから考えて
　いきましょう。」と返された。


▼中学英語
※特別選考「英語の資格による特別選考」で，特別選考(面接)を受験。
【質問内容】
□岡山県の志望理由
□高校教諭を志望した理由
□新学習指導要領では，中学・高校で指導する単語数が1500から1800
　に増えている。これをうけて，あなたはどのような指導をするか。
　学習指導要領に言及しながら答えなさい。
□あなたは授業を英語で行っているか。
□ALTがあなたの指示に従わない場合，どう対応するか(英語での質
　問)。
□公務員の職務上の義務はなにか。
□いま勤務している学校でのあなたの役割はなにか。


▼高校世史
【質問内容】
□保護者の信頼を得るために，どのようなことを行うか。

□生活リズムの乱れている生徒に対して，どのような指導をするか。
□過去にやりがいを感じた経験はあるか。


▼高校世史
【質問内容】
□講師をしていて，やりがいを感じた経験はあるか。
□保護者と信頼関係を築くために努力したことはなにか。
□生徒の生活習慣を改善するために，どのような取り組みを行うか。
□授業で気をつけることはなにか。


▼高校地理
【質問内容】
□岡山県の志望理由
□不合格だった場合，どうするか。
□教員の働き方について「ブラック」と言われていることについて，
　どう思うか。
□教員の不祥事が絶えないことについてどう思うか。
□地理で出願した理由
□地理，日本史，世界史，公民，これらを得意順に並べなさい。
・アットホームな雰囲気の面接官で，非常にやりやすかった。


▼高校英語
【質問内容】
□教員の志望理由
□教員の不祥事に対しての意見
□高校教諭を志望した理由
□グローバル化の中で教員に必要な資質はなにか。
□人と意見が対立した場合，どうするか。
□掃除をしない生徒に対して，どのような指導をするか。

▼高校英語

【質問内容】

□「英語の資格による特別選考(グローバル人材)」を受験。

□岡山県の志望理由

□高校教諭を志望した理由

□新学習指導要領では，中学・高校で指導する単語数が1500から1800に増えている。これをうけて，あなたはどのような指導をするか。学習指導要領に言及しながら答えなさい。

□「英語教育実施状況調査」では，教員の50％以上が英語で授業を行っている。このことについて，どう思うか。

□英語において，あなたの得意な分野と苦手な分野はなにか。

〈英語による質問〉

□ALTがあなたの指示に従わない場合，どう対応するか。

□生徒と教師にとって1番大切なことはなんだと思うか。


▼高校保体

【質問内容】

□志望理由

□理想の教員像

□教師のやりがいはなにか。

□教育実習で嬉しかったことはなにか。

□授業中に寝ている生徒に対して，どのような指導をするか。

・日常的な会話をするような面接だった。面接官はそのような対応を受験生に求めている様子だったので，一方的にアピールするのはやめたほうがよい。



▼養護教諭

【質問内容】

□志望理由

□教員の不祥事について
□長期欠席している児童生徒に対して，どのような指導をするか。
　→本人から拒否されたらどうするか。
　→担任から児童生徒に関わらないでくれと言われたらどうするか。


▼養護教諭
【質問内容】
□志望理由
□卒業研究の成果を教育現場に生かせているか。
　→どのように生かされていると考えるか。
□校種の希望はあるか。
□昨年度の受験では不合格だったが，その原因はなにか。また，それ
　への対策はしてきたか。
□他の教員とコミュニケーションをとる上で気をつけていることはな
　にか。
□勤務していて，ストレスを感じることはあるか。
・笑顔で元気に自分の言葉で伝えられるといい。



◆グループワーク(2次試験)　面接官3人　受験者6人　30分
　※主な評価の観点は，「コミュニケーション能力」「社会性，協調性」
　　「主体性，リーダーシップ」「問題解決能力」である。
　※はじめに，テーマについて各自で10分間の構想を行う。次に，受験
　　者間で10分間の話し合いを行う。そして，劇のリハーサルを5分間
　　行ったあと，劇の実演を3分間行う。
　※司会の有無は問わない。
　▼小学校教諭，特支教諭，栄養教諭
　【テーマ】
　□あなたたちは，小学校1年生の学年団の教員集団です。児童に向け
　　て，次のような3分間の劇を演じたものを録画し，教室で流すこと

になりました。劇の内容を演示しなさい。

● 入学したばかりの小学校1年生が，学校生活を楽しみにすることができるような内容。

□ あなたたちは，小学校3年生の教員集団です。児童に向けて，次のような3分間の劇を演じたものを録画し，教室で流すことになりました。劇の内容を演示しなさい。

●「ノー　テレビデー」を，意欲をもって実践できるような内容。

□ あなたたちは，小学校6年生の教員集団です。児童に向けて，次のような3分間の劇を演じたものを録画し，教室で流すことになりました。劇の内容を演示しなさい。

● 全員で協力して運動会を成功させようとする意識や意欲が高まるような内容。

・事前にあいさつや会話を交わしておくと本番で話しやすい空気になった。

・自分の意見や考えを話すときは，身振り手振りをつけて笑顔で話すよう意識した。

・本番，リラックスして素の自分で勝負できるように，たくさんの人の前で話すのに慣れておくとよいと思う。度胸をつけておきたい。


▼中学教諭，高校教諭，養護教諭

【テーマ】

□ あなたたちは，中学校(または高等学校)3年生の学年団の教員集団です。生徒に向けて，次のような3分間の劇を演じたものを録画し，教室で流すことになりました。劇の内容を演示しなさい。

● 受験への不安を和らげ，日々の学習に前向きに取り組むことができるような内容。

□ あなたたちは，中学校(または高等学校)2年生の学年団の教員集団です。生徒に向けて，次のような3分間の劇を演じたものを録画し，教室で流すことになりました。劇の内容を演示しなさい。

● 本を読むことの意義を伝え，学校図書館で本を借りたくなるような

　内容。

□あなたたちは，中学校(または高等学校)1年生の学年団の教員集団です。生徒に向けて，次のような3分間の劇を演じたものを録画し，教室で流すことになりました。劇の内容を演示しなさい。

●家庭での1日あたりのスマホ利用時間を減らそうとする意識や意欲が高まるような内容。

・面接官3人は全員現職の校長先生だと聞いた。また，グループワークは配点が一番高く設定されていると聞いた。

・自分の意見を言いつつも，しっかりグループの人たちの話をきいて，チームとして取り組むことが大切だと思う。


◆個人面接(2次試験)　面接官2人　20分

　※主な評価の観点は，「発言の明確さ，的確さ」「使命感，意欲的態度」「誠実さ，社会性，協調性」である。

▼小学校教諭

【質問内容】

□岡山県の志望理由

□講師をしていて授業で困ることはなにか。

　→その時，どう対応するか。

□卒論ではどのようなことを研究したか。

□いじめがあると思われたとき，どのような対応をするか。

□高学年の児童にもきびしく叱れるか。

□英語は話せるか。

・2次の個人面接では，自己推薦書に書いたことについて質問をされた。

・1次も2次も，自分が考えたことについて「それをもっと詳しく…」という流れで質問を重ねられた。


▼中学社会

【質問内容】

□なぜ地域枠で受験したか。

□地域枠でしかできないことはなにか。

□自分に足りない能力はなにか。

□教員は，周りからどのようなことが求められるか。

□他の教員から，あなたに学年主任をやってほしいと言われた場合，できる自信はあるか。

▼高校英語

【質問内容】

□岡山県の志望理由

□2次試験の手ごたえはどうか。

□僻地勤務は可能か。

□特別支援学校での勤務は可能か。

□中高一貫校での勤務は可能か。

□教員以外の職業を目指していたことはあるか。

□教員の仕事は「ブラック」と言われるが，どう思うか。

□今の自分に足りない能力はなにか。

・個人面接は1次，2次ともに面接官は優しい雰囲気であり，変に力むこともないと思う。面接官の先生と会話をするような気持ちで取り組むとよいと思う。

▼養護教諭

【質問内容】

□志望動機

□教育実習の経験について

□サークルについて

□校種の希望はあるか。

□あなたの弱点だと思うことはなにか。

◆実技試験(2次試験)

▼小学校教諭

【体育課題1】

□ラジオ体操

【体育課題2】

□器械運動(マット運動)

　　後転→伸膝後転→開脚前転

【体育課題3】

□ボール運動(バスケットボール)

　ドリブル→ストライドステップ→ジャンプシュート

【音楽課題】

□学習指導要領に示された歌唱共通教材「夕やけこやけ」,「ふじ山」,「さくらさくら」,「とんび」,「ふるさと」のうち,当日指定する曲をピアノで弾き歌いする(各自で楽譜を持参してよい。移調も可。)。

※体育実技のできる服装及び体育館用シューズ(上履きとは別のもの)を携行品とする。

※主な評価の観点は,体育課題は「技能に対する知識・理解」「技能の習得の状況」,音楽課題は「音楽の知識・理解」「表現の技能」である。


▼中高家庭

【被服課題】

□家庭で不要になった布製品と20cmファスナーを使用して,底まちのついたポーチの製作を授業で行いたい。次の(1)〜(5)の条件に従い,生徒に提示する見本を制限時間内に製作しなさい。

(1)　ファスナーは,20cmの長さをそのまま使用すること。

(2)　ポーチの大きさは,自由でよいが,底まちが4cmとなるように,左右均等につけること。

(3)　配布された接着テープを必要に応じて使用すること。

(4)　フェルト1枚は,飾りとして必ずどこかに使用し,手縫い糸一本

どりでブランケットステッチで縫いとめること。

(5)　ボタン1個は，飾りとして必ずどこかに使用し，手縫い糸一本ど
　　りで糸足をつけること。

【食物課題1】

□机上に示す4種の食品を目測し，その概量を記入しなさい。(食品に
　は手を触れないこと)

　A　　　g　　B　　　g　　C　　　g　　D　　　g

【食物課題2】

□きゅうり1本を厚さ2mm以下の小口切りにしなさい。

　切ったものはすべて用紙の上に並べ，提出しなさい。

【食物課題3】

□調理台にある材料を使って，「だし巻き卵」を作り，番号札が正面
　になるように盛りつけなさい。

　また，使用した調味料の分量を下に概量で記入しなさい。

|  | 調味料 | 概量 |
|---|---|---|
| 記入例→ | 小麦粉 | 小さじ1／2 |
|  | さとう |  |
|  | 塩 |  |
|  | 油 |  |
|  | しょうゆ |  |
|  | だし汁 |  |

※裁縫用具，調理のできる服装を携行品とする。

※主な評価の観点は，「被服・食物に関する技能」「材料・用具の扱い
　方，作業態度」である。


▼中高音楽

【課題1】

□全訳コールユーブンゲン(第1巻)№18〜№35(原書番号)のうちから1曲，№48〜№59(原書番号)のうちから1曲を当日指定する。

【課題2】

□「赤とんぼ」，「早春賦」，「夏の思い出」，「花」，「浜辺の歌」のうち，当日指定する歌唱教材をピアノで弾き歌いする(各自で楽譜を持参してよい。移調も可。)。

【課題3】

□アルト・リコーダーによる新曲視奏

※アルト・リコーダーを携行品とする。

※主な評価の観点は，「音楽の知識・理解」「表現の技能」である。


▼中学保体

【課題1】

□ラジオ体操

【課題2】

□陸上競技

【課題3】

□器械運動

【課題4】

□球技

【課題5】

□武道(柔道又は剣道)

【課題6】

□ダンス

※体育実技のできる服装，体育館用シューズ(上履きとは別のもの)，屋外シューズ，柔道着(武道で柔道を選択する者)を携行品とする。

※主な評価の観点は，「技能に対する知識・理解」「技能の習得の状況」である。

▼中学美術　100分

【デッサン課題】

□机上にあるモチーフを，それぞれの特徴がよく表れるように配置し，構図を考え，画用紙に鉛筆デッサンせよ。

使用するモチーフ…げんのう，ティッシュペーパー，粘土板，ペンチ，ビー玉，バレン

【平面構成課題】

□ケント紙に10×24(cm)の長方形を書き，次の課題をせよ。

長方形の中心を境とし，左側に「暖風」を，右側に「涼風」というテーマで平面構成し，ポスターカラーでそれぞれ塗りなさい。ただし，裏面に制作のコンセプトを簡潔に記入すること。

※水彩絵の具，ポスターカラー，パレット，筆，筆洗，定規，コンパス，はさみ，デッサン用鉛筆，練りゴム又は消しゴム，計り棒(必要とする者のみ)，作業着(必要とする者のみ)，筆ふき用の布を携行品とする。

※主な評価の観点は，「形態，画面構成」「明暗，配色」「テーマ性，完成度」である。


▼高校保体

【課題1】

□ラジオ体操

【課題2】

□陸上競技

【課題3】

□器械運動

【課題4】

□球技

【課題5】

□武道(柔道又は剣道)又はダンス

※体育実技のできる服装，体育館用シューズ(上履きとは別のもの)，

屋外シューズ，柔道着(武道で柔道を選択する者)を携行品とする。

※主な評価の観点は，「技能に対する知識・理解」「技能の習得の状況」である。

▼高校美術　100分

【デッサン課題】

□机上にあるモチーフを，それぞれの特徴がよく表れるように配置し，構図を考え，画用紙に鉛筆デッサンせよ。

　使用するモチーフ…げんのう，ティッシュペーパー，粘土板，ペンチ，ビー玉，バレン

【平面構成課題】

□ケント紙に10×24(cm)の長方形を書き，次の課題をせよ。

　長方形の中心を境とし，左側に「激しい流れ」を，右側に「穏やかな流れ」というテーマで平面構成し，ポスターカラーでそれぞれ塗りなさい。ただし，裏面に制作のコンセプトを簡潔に記入すること。

※水彩絵の具，ポスターカラー，パレット，筆，筆洗，定規，コンパス，はさみ，デッサン用鉛筆，練りゴム又は消しゴム，計り棒(必要とする者のみ)，作業着(必要とする者のみ)，筆ふき用の布を携行品とする。

※主な評価の観点は，「形態，画面構成」「明暗，配色」「テーマ性，完成度」である。

◆模擬授業(2次試験)　面接官2人　受験者1人　30分

※口頭試問を含む。

※養護教諭は，模擬授業の代わりに，模擬場面指導・口頭試問を実施する。

※主な評価の観点は，「児童・生徒の理解」「教科指導(保健指導)に関する知識・技能の保有」「使命感，教育的愛情」「意欲的態度，誠実さ，社会性，協調性」「発言の明確さ，的確さ」である。

※はじめに，課題について3分間の構想を行う。その後，今から行う
　授業についての展開を30秒間で説明してから，6分間の模擬授業を
　実施する。最後に，15分間の口頭試問をする。
※メモを取ることはできない。


▼小学校教諭
【課題】
□「6年生　詩」，「3年生　余りのあるわり算」のどちらかを選び，導
　入から6分間授業をしなさい。
〈口頭試問〉
□授業のめあてはなにか。
□続きはどういう流れか。
□この単元のポイントはどこか。
・とても圧迫された。授業の中身というよりは，言うことをきかない
　児童への対応を見ている感じだと思う。
・児童役の面接官が授業中におしゃべりを始めたが，その時の対応を
　チェックされていた。


▼小学校教諭
【課題】
□「理科　モーターの動き」，「国語　言葉のくみあわせ」のどちらか
　を選び，導入から6分間授業をしなさい。
〈口頭試問〉
□授業の反省点はあるか。
　→それを改善するにはどうするか。
□家庭学習のポイントはなにか。
□宿題への配慮について
□道徳が教科化して変わることはなにか。
□保護者から，新任の先生で不安だと言われた場合，どうするか。
・授業中，児童役から「やりたくない」「ノート忘れたから書けない」

「つまらない」など言われるが，その対応を見ている。

▼中学社会
【課題】
□地理　日本の気候
〈口頭試問〉
□授業で気をつけたことはなにか。
□まとめはどうもっていくか。
□ペア学習をどう評価するか。
□歴史の授業において，時代の特色をつかむためにどんな工夫をするか。
□生徒に信頼されるためにはどうするか。
□学校の「ガイダンスの機能の充実」が説かれているが，その背景にはなにがあるか。
　→「ガイダンスの機能の充実」の具体例を挙げなさい。
□保護者と連携するためにはどうしたらよいか。


▼中学英語
【課題】
※入室から退室まで指示を含めて全て英語で行われる。
※会場には，教科書のコピーが用意されている。左側には環境についての英文，右側にはその文法ポイントが書いてあった。
〈口頭試問〉
□模擬授業の出来はどうか。
□教員に必要な資質はなにか。
□外国語を学びたくない生徒に対して，どう対応するか。


▼高校地理
【課題】
□「気候(大気の循環)」，「アメリカ地誌(農業)」のどちらかを選び，そ

の授業をしなさい。

〈口頭試問〉

□模擬授業の感想

□なぜそのように指導したのか。

※教科書は二宮書店と帝国書院の2つがあり，好きな方を選ぶことができる。

▼高校英語

【課題】

〈口頭試問〉

□模擬授業のねらいはなにか。

□授業のよかった点，わるかった点はなにか。

□accuracyとfluencyのどちらが大切か。

□授業に参加しない生徒に対して，どのような指導をするか。

※口頭試問は英語で行われる。

▼養護教諭

【課題】

□小学3年生に向けたインフルエンザ予防

〈口頭試問〉

□あなたの授業によって子どもはどう思うか。

□学校保健委員会を活性化するにはどうするか。

□相談を受けた児童生徒から「このことは誰にも言わないで」と言われたらどうするか。

□協力をしてくれない教員がいた場合，どうするか。

▼養護教諭

【課題】

□中学2年生のある女子生徒が夏休み明けから腹痛を訴えて保健室に頻回来室するようになった。しかし，病院で受診した結果，器質的

な問題はなく，どうやら友人との人間関係がうまくいっていないらしい。どのように対応するか。

〈口頭試問〉

☐指導で気をつけたことはなにか。

☐この後はどのような対応をするか。

☐保健室経営を進める上で大切なことはなにか。

☐保健室が児童生徒のたまり場になっていると他の教員に言われた場合，どう対応するか。

☐性教育を進めるにあたって気をつけることはなにか。

☐社会人として必要な資質はなにか。

☐今後，養護教諭に求められる能力はなにか。

☐健康課題に対してどのように対応していくか。

・場面指導は，心理・精神面へのアプローチに重点をおきすぎないこと。保健室だと思って笑顔で生徒役に対応することが大切。面接官はとても丁寧で優しく，生徒になりきってくれる。

・口頭試問では，岡山県は追質問が多いため，あせらず自分の考えをしっかり伝えるようにする。

## 2018年度　岡山市

◆集団活動(1次試験)　面接官2人　受験者10人　45分

※はじめに，テーマについて各自で3分間の構想を行う。次に，受験者を2つのグループに分けて，各グループごとに話し合い，発表練習，掲示物作りを20分間で行う。そして，1グループ5分間で発表を行ったあと，相手グループの発表に対する感想を一人1分間で述べる。

【テーマ】

☐あなたは○○市の職員です。省エネについてのイベントを開催します。イベント内容を紹介しながら，多くの人が参加したくなるよう

にテレビCMでPRしてください。

□あなたは○○市の職員です。若者に魅力のあるまちづくりに取り組んでいます。多くの人が住みたくなるように，その取組をテレビCMでPRしてください。

□あなたは○○市の職員です。子育てがしやすいまちづくりに取り組んでいます。多くの人が住みたくなるように，その取組をテレビCMでPRしてください。

□あなたは○○市の職員です。高齢者が住みやすいまちづくりに取り組んでいます。多くの人が住みたくなるように，その取組をテレビCMでPRしてください。

□あなたは○○会社の社員です。あなたの会社で新型の自家用車を販売することになりました。多くの人が購入したくなるように自家用車の新しい性能・機能についてテレビCMでPRしてください。

□あなたは○○会社の社員です。あなたの会社で新型の洗濯機を販売することになりました。多くの人が購入したくなるように洗濯機の新しい性能・機能についてテレビCMでPRしてください。

□あなたは○○会社の社員です。あなたの会社で新型の冷蔵庫を販売することになりました。多くの人が購入したくなるように冷蔵庫の新しい性能・機能をテレビCMでPRしてください。

・発表までの時間は短いので，タイムキーパーを設けるべきだ。決して良いCMは作り上げられないが，終始ニコニコし，人の話を聞き入れることが大切である。

・岡山市では人間性がとても重視されている。真剣に考えることも大切だが，笑顔も忘れないようにしたい。

◆個人面接(2次試験)　面接官2人　20分
　▼小学校教諭
【質問内容】
□志望理由

□他の職種は考えなかったか。

□国語の授業を通じて，児童にどのような力をつけさせたいか。

　　→そのためにどのような取り組みを行うか。

□アルバイトで学んだことをどう生かすか。

□アルバイトでクレームに対応したことはあるか。

　　→どのように対応したか。また，そのときのポイントはなにか。

□合格して勤務するまでに半年の時間があるが，その間に直したいところはあるか。

□すべての子どもがリーダーシップを発揮するためにはどうすればいいか。

▼小学校教諭

【質問内容】

□志望理由

□教員に必要な資質・能力はなにか。

□どんな教師になりたいか。

□部活動で大変だったことはなにか。

□教育実習で学んだことはなにか。

□部活導を指導するうえでの不安はないか。

□部活動ではどんな指導をしたいか。

□不合格だった場合はどうするか。

・願書から多く聞かれ，追質問がある。

▼中学社会

【質問内容】

□志望理由

□教員としてどんな能力をつけたいか。

□社会科の教員として，どんな授業をしたいか。

□部活動はどのようなことをしていたか。また，あなたはそこではどのような役職を担っていたか。

□趣味や特技はなにか。

□ストレスを感じるときはどのようなときか。また，その解消法はどのようなものか。

□喫煙している生徒に対して，どのような指導をするか。

□授業中，スマートフォンを操作している生徒に対して，どのような指導をするか。

□保護者から，教員の指導力不足についてのクレームがきた場合，どう対応するか。

□採用されなかった場合はどうするか。

・面接というよりは会話に近い試験だった。考えてきたことを伝えるのはもちろん大切だが，目をしっかりと見て笑顔で話すことを忘れないようにしたい。


▼養護教諭

【質問内容】

□志望理由

　→その具体的なエピソードを述べなさい。

□なぜ養護教諭を志望したか。

□教育実習で学んだことはなにか。

□教育実習とボランティア活動を通じて，養護教諭に対する見方はどのように変化したか。

□社会人として必要な資質はなんだと思うか。

□併願状況

　→不合格になった場合，どうするか。

□ストレス解消法はあるか。

□あなたの夢はなにか。


◆実技試験(2次試験)

　▼小学校教諭

【音楽課題】

□ピアノによる弾き歌い

　学習指導要領に示された歌唱共通教材『おぼろ月夜』を，前奏付きで2番まで演奏する(各自で楽譜を持参してもよい。移調も可。)。

【体育課題1】

□器械運動(マット運動)

　後転→伸膝後転→開脚前転

【体育課題2】

□水泳

　25m(クロール及び平泳ぎ)

【体育課題3】

□ボール運動(バスケットボール)

　ドリブル→ストライドステップ→ジャンプシュート

※携行品は，体育実技のできる服装(水泳着は競技用又はそれに準ずるもの。水泳帽は着用すること。ゴーグルは使用してもよい。)，体育館用シューズ(上履きとは別のもの)である。


▼中学音楽

【課題1】

□ピアノによる弾き歌い

　学習指導要領に示された歌唱共通教材『赤とんぼ』『荒城の月』『早春賦』『夏の思い出』『花』『花の街』『浜辺の歌』のうち，当日指示する1曲を，前奏付きで2番まで演奏する。(各自で楽譜を持参してもよい。移調も可。)

【課題2】

□アルトリコーダーによる新曲視奏

※携行品は，アルトリコーダーである。


▼中学美術

【課題1】

□「デッサン」
【課題2】
□「平面構成」
※携行品は，ポスターカラー，パレット，筆，筆洗，定規，コンパス，はさみ，デッサン用鉛筆，練りゴム又は消しゴム，筆ふき用の布，マスキングテープ，作業のできる服装である。

▼中学家庭
【課題】
□布を用いた物の製作
※携行品は，裁縫道具である。

▼中学技術
【課題】
□木製品の設計と製作
※携行品は，作業のできる服装である。

▼中学保体
【課題1】
□器械運動
　マット運動，跳び箱運動
【課題2】
□陸上競技
　ハードル走
【課題3】
□水泳
　50m(クロールで25m，平泳ぎで25mを連続して泳ぐ。)
【課題4】
□球技
　ゴール型，ネット型，ベースボール型

【課題5】

□武道

　柔道，剣道

【課題6】

□ダンス

※携行品は，体育実技のできる服装(水泳着は競技用又はそれに準ずる
　もの。水泳帽は着用すること。ゴーグルは使用してもよい。)，体
　育館用シューズ(上履きとは別のもの)及び屋外シューズ，柔道着で
　ある。

◆模擬授業(2次試験)　面接官2人　受験者1人　25分

※口頭試問を含む。

※養護教諭は，模擬授業の代わりに，模擬場面指導・口頭試問を実施
　する。

※はじめに課題について3分間の構想を行った後，導入部分または展
　開部分から6分間の模擬授業を実施する。なお，養護教諭の場合は，
　構想1分間，指導3分間で実施する。

▼小学校教諭

【課題】

□「2年生　はじめの数は？」，「5年生　身のまわりのメディア」のど
　ちらかを選んで授業をしなさい。

〈口頭試問〉

□工夫したところはどこか。

□このあとの展開はどうなるか。

□授業でうまくいかなかったところはどこか。

　→どうすればよかったか。

□授業でうまくいったところはどこか。

□「生きる力」について

□道徳であなたがしたい授業はどのようなものか。

□暴言を吐く子どもにどのように指導するか。

□理科の授業で，公園に虫を捕りに行くにあたって，道徳と関連させてどのような指導ができるか。

・児童役である面接官は，「今日のめあてわかった」などと言ったりして，とても積極的に発言をしていた。

・口頭試問では，2，3問模擬授業についての質問がなされ，道徳についてなどの質問が10分程度あった。

▼中学社会

【課題】

□「地理　ヨーロッパの統合」

※課題は，地理・歴史・公民分野から出題された。

〈口頭試問〉

□憲法改正の手続きについて

□授業で工夫したところ

□授業における課題

□道徳教育について

・社会科の場合は，分野をその場で選ぶことができる。また，岡山市で採用されている教科書は決まっているので，自分が得意な分野の教科書全ページの導入を考えておくと自信をもって臨める。

・口頭試問では，私の選んだ分野(地理)ではない分野(公民)からの質問もなされた。

▼養護教諭

【課題】

□中学2年生のある女子生徒が，だるいと言って保健室に来室した。原因はスマートフォンの使用によるものとわかった。どのように対応するか。

※面接官の1人が生徒役をする。

※黒板使用可。また，指導に必要なものがあれば，その場になくとも

あると仮定して実施して構わない。
・どんな内容が出ても落ちついて対応できるよう，いろいろな事例で練習しておくことが大切だと思う。
・子どものペースを大切にして実施すること。

## 2017年度　岡山県

◆個人面接(1次試験)　面接官2人　受験者1人　10分
▼中学社会
【質問内容】
□教師を志望したきっかけは何か。
□理想の教師像とはどんなものか。
→(自分の回答に対して)現在努力していることは何か。
□学校に行きたがらない子への対応について。
→(自分の回答に対して)それでもだめならどうするか。
□学生時代のテストの思い出について。
→(自分の回答に対して)どのように生徒の前で話すか。
□きめ細かい指導を行う際に必要なものを3つ挙げなさい。
※主な評価の観点は，「発言の明確さ，的確さ」「使命感，意欲的態度」「誠実さ，社会性，協調性」である。

◆集団討論(2次試験)　面接官3人　受験者6人　時間20〜30分
【テーマ】
□あなたたちは，小学校2年生の学年団の教員集団です。
　2年生の児童は，学校内での挨拶を自ら進んで行うことができていません。児童が自ら進んで挨拶を行うことができるように，学年集会での学年団教員による3分間の劇をとおして，児童の意識を高めることになりました。

□あなたたちは，小学校4年生の学年団の教員集団です。

　この学年団では，靴そろえの徹底を学年目標として掲げました。児童が自ら進んで靴そろえを行うことができるように，学年集会での学年団教員による3分間の劇をとおして，児童の意識を高めることになりました。

□あなたたちは，小学校6年生の学年団の教員集団です。

　この学年団では，早寝早起きを学年目標として掲げました。児童が自ら進んで早寝早起きを実践することができるように，学年集会での学年団教員による3分間の劇をとおして，児童の意識を高めることになりました。

　あなたたちは，中学校(または高等学校)2年生の学年団の教員集団です。

□2年生の生徒は，学校の駐輪場に自転車を整頓して停めるという意識が希薄です。生徒が自ら進んで自転車を整頓して停めることができるように，学年集会での学年団教員による3分間の劇をとおして，生徒の意識を高めることになりました。

　あなたたちは，中学校(または高等学校)2年生の学年団の教員集団です。

□2年生の生徒は，掃除に懸命に取り組むことができていません。生徒が自ら進んで清掃活動に取り組むことができるように，学年集会での学年団教員による3分間の劇をとおして，生徒の意識を高めることになりました。

　あなたたちは，中学校(または高等学校)3年生の学年団の教員集団です。

□この学年では，「服装を整える」ことを学年目標として掲げました。生徒が自ら進んで服装を整えることができるように，学年集会での学年団教員による3分間の劇をとおして，生徒の意識を高めることになりました。

※主な評価の観点は，「コミュニケーション能力」「社会性，協調性」「主体性，リーダーシップ」「問題解決能力」である。

※以下の手順でグループワークを行う。

構想(11分)…1人30秒ほどで考えを述べ，配役，流れ，セリフを考える。

練習(6分)…実際に構想で考えたものを踏まえて修正していく。

発表(3分)…試験官側を向いて発表する。

※30分前に控室に入り，15分ほど説明を聞いた後，上記の問題の用紙を見て10分ほど1人で構想する(会話は禁止)。

※用紙にメモは可能である。

・試験室に入るとCDの指示に従うよう説明を受けた。

・時間は見るところがないので自分たちで確認した。

◆個人面接(2次試験)　面接官2人　受験者1人　時間15〜20分

※主な評価の観点は，「発言の明確さ，的確さ」「使命感，意欲的態度」「誠実さ，社会性，協調性」である。

▼小学校

【質問内容】

□部活で1番心に残っていることは何か。

□他の県に行くからこそ岡山の悪いところはどこか。

→岡山の人について。

□部活の経験を教育現場でどう役に立てるか。

□ウィークポイントは何か。

→改善方法はあるか。

□子どもの前に最初に立ったとき何を伝えたいか。

□岡山県のどこでも大丈夫か。

□特支でもよいか。

□今年合格できなかったらどうするのか。

▼中学社会

【質問内容】

□中学社会を志望した理由について。

□岡山県のどこに配属されてもよいか。

□特別支援学校の勤務でもよいか。

□岡山県以外を受験しているか。

→両方合格したらどうするか。

□二次試験不合格だったらどうするか。

□岡山県が抱える教育的課題は何か。

→どのような実践を行うか。

□中・高の部活動の実績について。

□あなたが考える「わかる授業」とはどんなものか。

□大学時代のサークルについて。

→サークルの規模について。

→どのような活動を行っているのか。

▼中学社会

【質問内容】

□教員を志望した理由について。

□「お金の使い方」を授業するときにどのように行うか。

□教員の資質を1つ述べなさい。

□地域枠を志望した理由について。

□地域の人材を活用するためにどんな工夫をするか，どのように活用するか。

□不合格だったらどうするか。

▼中学理科

【質問内容】

□教員を目指した理由は何か。

□なぜ岡山県なのか。

□理科離れを防ぐためにはどうすればよいか。

□岡山に生息する生き物には何がいるか。

□目指す教員像について。

□部活動で何を育てるか。

□併願している県や自治体はあるか。

・話をしやすい雰囲気で進むので，自分の意見をしっかり伝えること
　が大切だと思う。


▼栄養教諭

【質問内容】

□志望理由について。

→憧れた先生はどのような人だったか。

□(自己推薦書から)学内実習はどのようなものか，どんなものを作っ
　たか。

□リーダーと書いてあるが実際にどんなことに気を付けて行ったか。

□アレルギー対応に関して大学では習っているか。

→除去食に関してはどのように考えているか。

□調理員とどのように上手くやっていけるか，自信はあるか。

□岡山県下どこになってもよいのか。

□小，中，特別支援学校どこでもよいのか。

□併願状況について。

□今回受からなかった場合臨時職員をするか。

□(教師への道の特別選考調書より)授業をしてわかった弱みを克服す
　るために何か努力していることはあるか。

□実際に教諭になった際にやってみたい食育はあるか。


▼特別支援

【質問内容】

□なぜ小学校の校種ではなく，特別支援学校なのか。

□障害者差別解消法とはどういうことか。

□合理的配慮といわれている，保護者から相談があった場合どうする
　か。

◆実技試験(2次試験)

▼小学校

〈体育実技〉

【課題1】

□ラジオ体操(1～7番)

【課題2】

□器械運動

マット運動(後転→開脚前転→側方倒立回転)

【課題3】

□ボール運動

〈音楽実技〉

【課題】

□学習指導要領に示された歌唱共通教材「夕やけこやけ」,「ふじ山」,「さくらさくら」,「とんび」,「ふるさと」のうち,当日指定する曲をピアノで弾き歌いする。(各自で楽譜を持参してよい。移調も可。)

※体育実技のできる服装及び体育館用シューズ(上履きとは別のもの)を携行品とする。

▼中高音楽

【課題1】

□全訳コールユーブンゲン(第1巻)№18～№35(原書番号)
　　　音楽のうちから1曲,№48～№59(原書番号)のうちから1曲を当日指定する。

【課題2】

□「荒城の月」,「早春賦」,「夏の思い出」,「花」,「浜辺の歌」のうち,当日指定する歌唱教材をピアノで弾き歌いする。(各自で楽譜を持参してよい。移調も可。)

【課題3】

□アルト・リコーダーによる新曲視奏

※アルト・リコーダーを携行品とする。

※主な評価の観点は,「音楽の知識・理解」「表現の技能」である。

▼中高美術
【課題1】
□机上にあるモチーフを,それぞれの特徴がよく表れるように配置し,構図を考え,画用紙に鉛筆デッサンせよ。
　　使用するモチーフ…松ぼっくり,トイレットペーパー,木片,はさみ,げんのう
□机上にあるモチーフを,それぞれの特徴がよく表れるように配置し,構図を考え,画用紙に鉛筆デッサンせよ。
　　使用するモチーフ…松ぼっくり,トイレットペーパー,木片,ペンチ,糸のこ
【課題2】
□ケント紙に10×24(cm)の長方形を書き,次の課題をせよ。
　　長方形の中心を境とし,左側に「軽い感じ」を,右側に「重い感じ」をテーマに平面構成し,ポスターカラーでそれぞれ塗りなさい。ただし,裏面に制作のコンセプトを簡潔に記入すること。
□ケント紙に10×24(cm)の長方形を書き,次の課題をせよ。
　　長方形の中心を境とし,左側に「喜び」を,右側に「悲しみ」というテーマで平面構成し,ポスターカラーでそれぞれ塗りなさい。ただし,裏面に制作のコンセプトを簡潔に記入すること。
※水彩絵の具,ポスターカラー,パレット,筆,筆洗,定規,コンパス,はさみ,デッサン用鉛筆,練りゴム又は消しゴム,計り棒(必要とする者のみ),作業着(必要とする者のみ),筆ふき用の布を携行品とする。
※主な評価の観点は,「形態,画面構成」「明暗,配色」「テーマ性,完成度」である。

▼中高家庭

【課題1】

□被服実技

　　家庭で不要になった布製品とひも2本を用いて，ペットボトル入れ袋の製作を授業で行いたい。

　　次の(1)〜(5)の条件にしたがい，生徒に提示する見本を制限時間内に製作しなさい。

(1)　大きさは，配布されたペットボトルが入るようにすること。

(2)　布の裁断については，余り布が出てもよい。ひもも同様に余りが出てもよい。

(3)　手縫いをする場合は赤色の糸を使用すること。

(4)　ペットボトル入れ袋の口は三つ折りとし，なみ縫いとまつり縫いをそれぞれ5cm以上の手縫いをして仕上げること。

(5)　ボタン1個は，必ずどこかに使用し，糸足をつけること。ただし，飾りでもよい。

【課題2】

□食物実技

1　砂糖6gを計量スプーンで計量し，皿の上に計量スプーンごと置きなさい。

2　きゅうり1本を厚さ2mm以下の小口切りにしなさい。

　　切ったものはすべて用紙の上に並べ，提出しなさい。

| 牛乳かん（2個分） | |
| --- | --- |
| 材　料 | 分　量 |
| 粉寒天 | 1 g |
| | |
| | |
| | |
| | |
| | |

| シロップ（2個分） | |
| --- | --- |
| 材　料 | 分　量 |
| | |
| | |

2　「牛乳かん」を2個作り，提出しなさい。なお。1個のみにひし形の
　　切り込みを入れ，シロップをかけること。残ったシロップは紙コッ
　　プに入れて提出しなさい。
　　　また，材料のうち，粉寒天は1gである。それ以外に，使用した材
　　料の名称と分量を下表に記入しなさい。
※裁縫用具，調理のできる服装を携行品とする。
※主な評価の観点は，「被服・食物に関する技能」「材料・用具の扱い
　　方，作業態度」である。

▼中学保体
【課題1】
□ラジオ体操

【課題2】

□陸上競技

【課題3】

□器械運動

【課題4】

□球技

【課題5】

□武道(柔道又は剣道)

【課題6】

□ダンス

※体育実技のできる服装，体育館用シューズ(上履きとは別のもの)及び屋外シューズ，柔道着(武道で柔道を選択する者)を携行品とする。

※主な評価の観点は，「技能に対する知識・理解」「技能の習得の状況」である。

▼高校保体

【課題1】

□ラジオ体操

【課題2】

□陸上競技

【課題3】

□器械運動

【課題4】

□球技

【課題5】

□武道(柔道又は剣道)又はダンス

※体育実技のできる服装，体育館用シューズ(上履きとは別のもの)及び屋外シューズ，柔道着(武道で柔道を選択する者)を携行品とする。

※主な評価の観点は，「技能に対する知識・理解」「技能の習得の状況」である。

◆模擬授業(2次試験)　面接官2人　受験者1人　15～30分

　▼小学校

〈模擬授業〉

□社会3年「わたしたちのまち」

□算数4年「折れ線グラフ」

※いずれか1つ選んで行う(見開き1ページ)。

※構想に3分，授業は始めから6分行う。

・文字があまり載っておらず，ほぼ絵のページであった。

・試験官2人とも質問には答えてくれるが，たまに授業とははずれた
　ことを話してきた。

〈口頭試問〉

□登校中，子どもが道に広がって歩いており，注意したら暴言を吐か
　れた。という電話が地域の人からあった。どうするか。

□授業で工夫したところはどこか。

□子ども(試験官)の反応を見て改善したいところはあるか。

□二学期から転校生が来る。本人や保護者は不安を感じているがどう
　するか。

□特別の教科道徳で大切にしたいことは何か。

□問題解決学習で注意すべきことは何か。

※模擬授業後にすぐ行う。


　▼中学社会

〈模擬授業〉

【課題】

□公民的分野『地球環境問題』を扱いなさい。

※面接官から単元が指定され教科書を1冊選ぶ。

※3分間で構想を立て6分間で授業の導入を行う。

〈口頭試問〉

□授業のめあては何か。

□(授業で資料を提示したことから)資料提示のポイントと留意点につ

いて。

□保護者から「うちの子がなぜ叱られたかわからない」と電話があったときの対応について。

□言語活動の充実を図るためにどんな活動をするか。

□自分が持っている社会科の授業工夫を教えて下さい。

▼中学社会

〈模擬授業〉

【課題】

□公民分野「新しい人権」の導入部分を8分で行いなさい。

※5分で構造を練る。メモは禁止である。

〈口頭試問〉

【質問内容】

□必要な教具は何か。

□この後の展開はどうするか。

□「ガイダンス機能」の充実が叫ばれているが，進路指導に関してどのように行うか。

▼中学理科

〈口頭試問〉

【質問内容】

□理科の教員を目指した理由について。

□どのような授業をしたいか。

□いじめへの対応について。

〈模擬授業〉

※口頭試問の後に面接官の持つ3枚のカードから1枚を引き，その内容について授業をする。3学年の教科書あり。

【課題】

□「原子の成り立ちと原子記号」についての授業

※3分構成を考え，5〜8分くらい授業をした。

※途中面接官が授業に入り質問してきた。

・落ち着いて大きな声で行った。

〈実技試験〉

【課題】

※模擬授業からそのまま同じ部屋で行う。

□「スリットを使った光の屈折の実験操作」

・入射角と反射角との関係，日常生活で見られる現象など色々聞かれました。教科書にある実験は1度やっておく必要があります。


▼栄養教諭

〈模擬授業〉

【課題】

※3つの教材の中から1つを選んで指導内容を3分で考える。どの場面でもよいので6分間の授業を行う。

□小学生用食育教材「たのしい食事つながる食育」(P.5食べ物の「旬」)

□3,4年保健(よりよく育つための生活について)

□中学生家庭科(加工食品の利用について)

※面接官2名が子ども役になる。受け答えもしてくれる。

※板書は適宜用いてよい。(今年はホワイトボードでペンの色は黒，赤，青の3色であった。)

※教材は教科書のコピーが置いてありその中から選ぶ。メモ用紙と鉛筆があり，自由にメモできる。

〈口頭試問〉

【質問内容】

□志望動機について。

□今の模擬授業から授業をするとしたらどのように展開していくか。

□模擬授業をしてみてもう少しこうすればよかったと思うところはあるか。

□模擬授業をしてみてここに気を付けたというところはあるか。

□食育をしていく際に大切にしたいことは何か。

□食の課題について一つ挙げて，その課題に対して何ができるか。

□異物が混入した場合に栄養教諭ができることは何か。

□保護者の方からクレームが来たときにはどのように対応するか。

□授業において，特別な支援が必要であるが通常学級で過ごす子ども
に対して何ができるか。

▼特別支援

〈模擬授業〉

【課題】

□ほし本から(ほしの3ないし4)算数国語を選択し導入部分をする。

〈口頭試問〉

【質問内容】

□インクルーシブ教育などについて。

・専門的なことを聞かれた。

※主な評価の観点は，「児童・生徒の理解」「教科指導(保健指導)に関
する知識・技能の保有」「使命感，教育的愛情」「意欲的態度，誠実
さ，社会性，協調性」「発言の明確さ，的確さ」である。

**2017年度　岡山市**

◆実技試験(2次試験)

▼小学校

〈音楽実技〉

【課題】

□「ピアノによる弾き歌い」

学習指導要領に示された歌唱共通教材『冬げしき』を，前奏付きで
2番まで演奏する。(各自で楽譜を持参してもよい。移調も可。)

〈体育課題〉

【課題1】

□「器械運動」マット運動

【課題2】

□「水泳」25m(クロール及び平泳ぎ)

【課題3】

□「ボール運動」バレーボール

※携行品は，体育実技のできる服装(水泳着は競技用又はそれに準ずる もの。水泳帽は着用すること。ゴーグルは使用してもよい。)，体育 館用シューズ(上履きとは別のもの)である。

▼中学音楽

【課題1】

□「ピアノによる弾き歌い」

　学習指導要領に示された歌唱共通教材『赤とんぼ』『荒城の月』『早 春賦』『夏の思い出』『花』『花の街』『浜辺の歌』のうち，当日指示す る1曲を，前奏付きで2番まで演奏する。(各自で楽譜を持参してもよい。 移調も可。)

【課題2】

「アルトリコーダーによる新曲視奏」

※携行品は，アルトリコーダーである。

▼中学美術

【課題1】

□「デッサン」

【課題2】

□「平面構成」

※携行品は，ポスターカラー，パレット，筆，筆洗，定規，コンパス， はさみ，デッサン用鉛筆，練りゴム又は消しゴム，筆ふき用の布， マスキングテープ，作業のできる服装である。

▼中学家庭

【課題】

□「日常食の調理」

※携行品は，調理のできる服装である。


▼中学技術

【課題】

□「木製品の設計と製作」

※携行品は，作業のできる服装である。


▼中学保体

【課題1】

□「器械運動」

　　マット運動，跳び箱運動

【課題2】

□「陸上競技」

　　ハードル走

【課題3】

□「水泳」

　　50m(クロールで25m，平泳ぎで25mを連続して泳ぐ。)

【課題4】

□「球技」

　　ゴール型，ネット型，ベースボール型

【課題5】

□「武道」

　　柔道，剣道

【課題6】

□「ダンス」

※携行品は，体育実技のできる服装(水泳着は競技用又はそれに準ずる
　もの。水泳帽は着用すること。ゴーグルは使用してもよい。)，体育館

用シューズ(上履きとは別のもの)及び屋外シューズ，柔道着である。


◆模擬授業(2次試験)

※与えられた授業題材について，15分間の個人思考後に「模擬授業」を行う。

※「模擬授業」の時間は10分間とする。

※「模擬授業」の終了後，面接員から「模擬授業」に係わる試問を行う。

▼小学国語

【課題】

□下記の【題材】を授業に使い，児童が音読の楽しさを味わうことができるように，次に示す【条件】を踏まえた授業を展開しなさい。

【題材】　詩「夕日がせなかをおしてくる　作　阪田寛夫」

夕日がせなかをおしてくる

阪田　寛夫

夕日がせなかをおしてくる
まっかなうででおしてくる
歩くぼくらのうしろから
でっかい声でよびかける
さよなら　さよなら
さよなら　きみたち
ばんごはんがまってるぞ
あしたの朝ねすごすな

夕日がせなかをおしてくる
そんなにおすなあわてるな
ぐるりふりむき太陽に
ぼくらも負けずどなるんだ
さよなら　さよなら
さよなら　太陽
ばんごはんがまってるぞ
あしたの朝ねすごすな

【条件】

○　対象：第3学年

○　詩の中のまとまり「連」を意識し，第一連と第二連の「誰が誰に呼びかけているかの違い」を音読に生かす指導場面

※詩が書かれた模造紙が準備してある。

▼小学算数

【課題】

□「□などを用いた式」の学習において，文脈通りに数量の関係を立
　試し，□にあてはまる数量を調べる授業である。

| 問　　題 | えんぴつを３５本持っています。友だちから何本かもらったので、全部で５１本になりました。わからない数を□として式に表しましょう。 |

　めあてを「これまでに学習したことを使って，□の数字をかんたん
にみつける方法を考えてみよう」とした。その際，上の問題に対する
答えを「35＋51＝□」と考える児童がいると予想される。このような
児童への配慮を行った上で，全体で見通しをもたせた授業を展開しな
さい。

※対象は第3学年。


▼中学国語

【課題】

□次に示す【題材】を授業に利用して，生徒が興味・関心をもって学
　ぶことができるように，次に示す【条件】及び【参考】を踏まえた
　授業を展開しなさい。

【題材】

お薦め本の紹介カードを作成する

【条件】

○　　対象：第2学年

○　　場面：情報を収集する場面

○　　ホワイトボードを使った板書を必ず入れること

【参考】

中学校学習指導要領解説国語編に示されている「指導計画作成
　上の配慮事項」の「学習・情報センター，読書センターとしての機
能を備えた学校図書館などを計画的に利用し，その機能の活用を図る
ようにすること」

※対象は第2学年。

▼中学社会
【課題】
□「中学校学習指導要領〔公民的分野〕2　内容　(2)　私たちと経済　ア」において，金融の仕組みや働きについて理解させるとともに，金融政策と結び付けて，不景気への対策の在り方について関心をもたせるために授業を構想した。

　　これまでの授業で習得した基礎的・基本的な知識，概念及び生活の中で獲得した経験等を活用し，考えさせたり，判断させたりする授業の展開につなげるための学習課題を設定したい。生徒のつぶやきや意見などを想定しながら，学習課題を設定するまでの導入を展開しなさい。
※対象は第3学年，公民的分野。

▼中学英語
【課題】
□2学期末に，家族や友達についてスピーチテストを行うこととし，授業でスピーチの原稿を作成する時間を設けた。

　　下の2つの指導のポイントを意識して，生徒が第1学年で学習した表現を使ってどのように原稿を書き，どのようにスピーチを行うか，分かりやすく授業を展開しなさい。
【指導のポイント】
①　スピーチのモデルを教師が示す。
②　スピーチするときの視点を与える。
※対象は第1学年。

▼中学数学
【課題】
□「関数」領域の「関数$y=ax^2$」の単元において，$x$の変域に制限があ

るときの$y$の変域を求める学習である。

　関数$y＝x^2$で，$x$の変域が$-2\leqq x\leqq 3$のとき，$y$の変域の求め方について，表，式，グラフを使って授業を展開しなさい。

※対象は第3学年。


▼中学理科

【課題】

□「唾液によってデンプンは分解されるのだろうか。」という学習問題を設定し，次のような実験を行ったところ，下のような結果になりました。

　この結果から考察し，結論を出す部分の授業を展開しなさい。

【実験】

① 試験管Aにデンプンのりと唾液，試験管Bにデシプンのりと水を入れ，よく振って混ぜる。

② A，Bの試験管を約40℃のお湯の中に10分間入れる。

③ 試験管A，Bの液を，別の試験管A′，B′に半分ずつ分ける。

　A，Bの試験管にそれぞれヨウ素溶液を2，3滴加え，色の変化を見る。

④ A′，B′の試験管に，それぞれベネジクト溶液を少量加え，軽く振りながら加熱し，色の変化を見る。

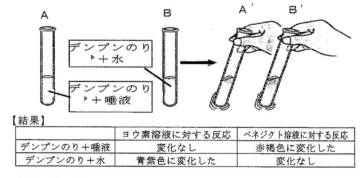

【結果】

|  | ヨウ素溶液に対する反応 | ベネジクト溶液に対する反応 |
|---|---|---|
| デンプンのり＋唾液 | 変化なし | 赤褐色に変化した |
| デンプンのり＋水 | 青紫色に変化した | 変化なし |

※対象は第2学年。

▼中学音楽

【課題】

□題材「楽しいリズム曲をつくろう」で「くいしんぼうのラップ」を教材に，構成を生かした音楽表現についての学習を計画した。リズムや言葉の特徴を生かした音楽表現の工夫や，創作する楽しさや喜びを味わわせるための導入段階の授業を展開しなさい。

☆「くいしんぼうのラップ」の楽譜(掲示用)は模擬授業会場に準備されている。

※対象は第1学年。


▼中学美術

【課題】

□彫刻に表現する授業を計画した。本時はその最初の授業である。生徒が自分なりに主題を深めることができるよう，本時の導入を展開しなさい。

　　ただし，必要な教材や提示資料は，あるものと仮定して授業を行うこと。

※対象は第1学年。


▼中学家庭

【課題】

□題材「消費者トラブルを解決する方法を考えよう」において生徒にとって身近な消費者トラブルの事例を知り，その解決方法を理解させたい。身近に発生している消費者トラブルに興味・関心をもたせ，中学生にも起こりやすいトラブルを例に挙げ，問題解決的に学習を展開したい。生徒のつぶやきや意見を想定しながら，学習課題を設定するまでの導入を展開しなさい。

※対象は第3学年。

▼中学技術

【課題】

□「エネルギー変換に関する技術」において，エネルギー資源についての学習を展開する。本時は，主な発電方法のしくみを指導し，それぞれの発電の特徴をまとめさせたい。導入部分の授業を展開しなさい。

※対象は第2学年。

▼中学保体

【課題】

□「器械運動(マット運動：開脚後転)」について，中学校3年生の単元8時間中の第2時間目を次の条件を考慮して，授業を展開しなさい。

　　「器械運動(マット運動：開脚後転)」の指導において，模擬授業の前に生徒役の担当者がつまずきを見せます。そのつまずきに対して，指導の視点を決め，適切に手立てを工夫して授業を展開しなさい。

※対象は第3学年。

▼高校国語

【課題】

□次の条件を基に，授業を展開しなさい。

1　授業の想定

　　「国語表現」の単元「スピーチをしよう」において，「私から見た私」という題で，スピーチをした場面です。あなたは，魅力的なスピーチについて，アドバイスをします。

2　生徒の発表原稿

　　私は自分自身について「見かけによらず根性がある」と思っています。

　　私は毎日自転車で1時間かけて高校に通っています。実は私はこの学校に通うことを両親から反対されていました。理由は，家から学校があまりにも遠いからです。だけど，私はこの高校のダンス同

好会で，どうしてもダンスをやりたくて，両親の反対を押し切って，入学しました。その代わり，私は一日も休まずに自転車で通学することを約束しました。正直言って，雨の日や帰りが遅くなったときは，つらいなあと思うときもあります。だけど，一度自分で言い出したことは最後までやり遂げたいと思い，今まで皆勤を続けています。中学校の頃の何でも途中で投げ出していた自分では絶対信じられないことです。

　人間強い意志があれば何でもできると思います。みなさんもいろんなことに挑戦して，自分の可能性を試してみませんか。

3　留意点

　生徒の発表原稿を踏まえて，魅力のあるスピーチについて，授業を展開しなさい。

※対象は第2学年。

▼高校日本史

【課題】

□日露戦争におけるポーツマス条約の締結についての授業を展開しなさい。その際，以下の3点に必ず触れること。

① 　下関条約との締結内容の比較

② 　締結に対する国民の反応

③ 　講和会議に出席した日本全権のその後の活躍

※対象は第3学年。

▼高校世界史

【課題】

□カールの戴冠の意義を，5世紀〜8世紀のフランク王国とローマ＝カトリック教会との関係に注目して理解させる授業を展開しなさい。

※対象は第2学年。

▼高校公民

【課題】

□生涯における青年期の意義について指導する。本時は，生徒に将来
　の職業生活について思い描かせながら，生涯における学習の意義に
　ついて考えさせる授業を展開しなさい。その際，「自己実現」とい
　う用語については，必ず説明しなさい。

※対象は第1学年。

▼高校英語

【課題】

□コミュニケーション英語Ⅰの授業で，あとの新出単語と本文を使っ
　て(基本的に英語で)授業の導入部分を展開しなさい。

〔新出単語〕
mosquito(es)　Netherlands　discover(ed)　target(s)
attract(ed)　particular　serious　disease　malaria　trap

〔本文〕
　Mosquitoes like cheese! Two scientists from the Netherlands
received an Ig Nobel Prize because they discovered this fact. Their
experiments showed them how mosquitoes find targets. The scientists
found that mosquitoes are attracted to a particular cheese. This
cheese has a very strong smell. Mosquitoes can carry many serious
diseases, such as malaria and yellow fever. The cheese may be put
into mosquito traps in Africa in the future to protect more people
from these diseases.

(出典　Compass English Communication I Lesson 8「The Ig Novel Prize」大修館)

※対象は第1学年。

▼高校数学

【課題】

□「整数の性質」の分野における「ユークリッドの互除法」の単元に
　おいて，具体例として，2つの自然数を挙げ，ユークリッドの互除
　法で，それらの最大公約数を求める手順を説明する授業を展開しな
　さい。

※対象は第1学年。

▼高校物理
【課題】
□等速円運動において，角度の単位ラジアンを説明し，運動している
　物体の速さが$v=r\omega$となることを生徒に理解させる授業を展開しな
　さい。
※対象は第2学年。

▼高校化学
【課題】
□難溶性塩の水溶液の溶解平衡について，溶液中のイオンをイメージ
　させながら溶解度積と沈殿の生成の関係についての授業を展開しな
　さい。
※対象は第2学年。

▼高校生物
【課題】
□個体群間の相互作用のうち，寄生と共生の授業を行いたい。寄生と
　共生の定義をし，身近な例を示しながら，生徒の興味・関心を引き
　出すような，授業の導入部分を展開しなさい。
※対象は第3学年。

▼高校家庭
【課題】
□「衣生活の文化と製作」の最初の授業で，立体構成の代表的なもの
　として洋服，平面構成の代表的なものとして和服を取り上げて，そ
　れぞれの特徴を理解させたい。導入部分の授業を展開しなさい。
※対象は第1学年。

## ▼高校保体
【課題】

□「器械運動(マット運動：開脚後転)」について，高等学校1年生の単元8時間中の第2時間目を次の条件を考慮して，授業を展開しなさい。
　　「器械運動(マット運動：開脚後転)」の指導において，模擬授業の前に生徒役の担当者がつまずきを見せます。そのつまずきに対して，指導の視点を決め，適切に手立てを工夫して授業を展開しなさい。
※対象は第1学年。

## ▼高校福祉
【課題】

□「入浴・清潔保持」についての最初の授業において，入浴や清拭が生理的な意義だけでなく，心理的・社会的意義もあることを理解させたい。授業の導入部分を展開しなさい。
※対象は第2学年。

## ▼高校書道
【課題】

□書道Ⅰの導入期という設定で，「楷書の文字を硬筆で美しく表現しよう」という単元の授業を展開しなさい。
　　その際，適切な唐時代の楷書古典の文字を例示し，適切な用語を用いて，文字の構築性や筆勢の大切さ等について具体的に説明すること。
※対象は第1学年。

## ▼高校農業
【課題】

□宮崎県農業の所得向上について考えさせる授業を計画した。導入10分，グループ討議25分，発表10分，まとめ5分の時間配分としたときの導入の授業を展開しなさい。

※対象は第1学年。

▼高校畜産
【課題】
□宮崎県畜産業の所得向上について考えさせる授業を計画した。導入10分，グループ討議25分，発表10分，まとめ5分の時間配分としたときの導入の授業を展開しなさい。
※対象は第1学年。

▼高校機械
【課題】
□「機械工作」
　金属の熱処理について学ぶときの導入として，生徒が興味・関心をもつような授業を展開しなさい。
※対象は第2学年。

▼高校電気・電子
【課題】
□単元「磁界中の電流に働く力」で，「電磁力」についての授業を展開しなさい。事前に「磁石と磁気」，「電流による磁界」について学習しているものとする。ただし，次の点に留意すること。
1　「電磁力」はなぜ発生するか。
2　どのような機器に応用されているか。
※対象は第1学年。

▼高校商業
【課題】
□本校では2年生になると，文化祭で販売実習を行う。販売実習で商品を販売する際は，お客様とのコミュニケーションが非常に重要となる。

　そこで，1年次の「ビジネス基礎」の「ビジネスとコミュニケーション」の単元において，生徒が滞りなくお客様対応ができることを目標に事例を用いて授業を展開しなさい。

※対象は第1学年。


▼高校水産漁業

【課題】

□本時より病気の診断と対策について学習する。養殖現場において病気が発生した場合の対応について，生徒が興味・関心をもつような導入部分の授業を展開しなさい。

※対象は第3学年。


▼特別支援学校知的他

【課題】

□生活単元学習「避難訓練」

　　小学部5年生の知的障がいのある男子児童2名，女子児童2名の通常学級です。男子児童1名には，自閉症があります。

　　地震と津波を想定した全校での避難訓練が行われるため，学級で事前指導を行います。児童の意識を高め，主体的な活動とすることができるような導入段階の授業を展開しなさい。

　　なお，授業は，担任と副担任の2人で行うこととし，あなたが担任とします。

※対象は小学部5年生。


▼特別支援学校理療

【課題】

□本科保健理療科の生徒に対して，次の①又は②の授業を行ってください。①と②は，どちらを選んでも構いません。

　　なお，授業の対象となる生徒は，基礎的な学力が不十分であるため，興味・関心をもたせながら，理解させるようにしてください。

ただし，必要な標本，模型などは，あるものと仮定して授業を行うこと。

① 「骨の一般，筋の一般をはじめ，入体を構成する骨，筋の形態と構造・体内の位置及び機能について理解させる」授業の導入部分を展開しなさい。

② 「現代の医療制度の現状とその当面する課題の概要を理解させる」授業の導入部分を展開しなさい。

▼養護教諭

【課題】

□小学校第6学年「保健」(2)けがの防止の授業を終えた児童に，授業の内容を踏まえて，学級活動の時間にティーム・ティーチングで「けがの手当て」の保健指導を展開しなさい。

※対象は小学校第6学年。

▼栄養教諭

【課題】

□「小学校学習指導要領　第6章　特別活動　第2　2　内容〔共通事項〕
(2)　日常の生活や学習への適応及び健康安全」では，「食育の観点を踏まえた学校給食と望ましい食習慣の形成」が示されています。
　それを踏まえて，生産者や自然の恵みに感謝する心をもたせる授業の導入部分を展開しなさい。

※対象は小学校第5学年。

## 2016年度

◆1次試験

〈試験当日の携行品〉

※下記以外のものは試験で使用することはできない。

▼受験者全員

・受験票　・鉛筆(HB)　・定規　・消しゴム　・お弁当　・上履き
・下履きを入れる袋
※米子コンベンションセンター又は高松テレサが試験会場となった場
　合は，上履き及び下履きを入れる袋は不要である。

▼中高数学受験者
・定規　・コンパス

▼中学技術受験者
・三角定規(目盛りの付いたもの一組)　・コンパス　・分度器

▼高校工業(機械，電気，建築)受験者
・定規　・電卓(関数機能のついたもの)
※ポケットコンピューター不可

▼高校商業
・そろばん又は電卓(計算機能のみのもの)　・定規

◆個人面接(1次試験)
　※主な評価の観点は，「発言の明確さ，的確さ」「使命感，意欲的態度」
　　「誠実さ，社会性，協調性」。
　▼小学校教諭　面接官2人　時間5〜15分
　【質問内容】
　□あなたが健康管理で気をつけていることはなにか。
　　　→子どもたちにはどうやって生活習慣をつけさせるか。
　　　→家庭との連携はどのようにしてとるか。
　□教師としてのやりがいは何か。
　　　→努力が報われないとき，挫折しそうなとき，あなたはどうするか。
　□教師の資質とは何か。

　　→その資質を高めるためにあなたは何をしてきたか。
□今一番頑張っていることは。
　　→ボランティアでやって良かったと思う取り組みは。
□人と接するときに気をつけていることは。
□信頼される教師とは。
　　→児童や保護者から信頼されるための取り組み。
□子どもが勉強が分からないと言っていると保護者から電話があっ
　た。どう対応するか。
　　→なぜそうするのか。
□気になるニュースは。
　　→それを子どもにどう伝えるか。
□どんな教師になりたいか。
□教壇に立ったときにやりたいことは。
□保護者から「うちの子が体育で突き指をしていた」と電話があった。
　どう対応するか。
※面接官2人から質問される。
※昨年とほぼ同様の質問内容であった。
※追質問がたくさんくるのでしっかりと自分の考えをまとめておく必
　要がある。
※保護者からの電話の対応などを聞かれた人が多かった。
(保護者から宿題が多すぎると電話がきた，うちの子がいじめられてい
　ると電話がきた，など。)
・面接官は優しい感じで，とても話しやすかった。
・志望動機などが特に聞かれなかったので，自分で方向を持っていく
　必要がある。


▼高校国語　面接官2人　時間10分
【質問内容】
□食に関して注意していることは。
　　→生徒にどう伝えるか。

□最近関心を持って取り組んでいることは。

　　→国語教育にどう活かすか。

□教師の不祥事についてどう思うか。

□理想的な教師像は。

　　→そのために努力していることは。

　　→教員になって取り組みたいことは。

□掃除をしない生徒への指導。

　　→それでもダメならどうするか。

□今一番頑張っていることは。

　　→どのように頑張っているか。

□初対面の人と話すとき，どんなことに気をつけるか。

　　→それを子どもに伝えるためにどんな話ができるか。

□普段人と接するときにどんなことに気をつけているか。

□ボランティアを子どもたちにさせるとき，どんな提案ができるか。

　　→ボランティアをすることで子どもたちにどんなことを学ばせることができるか。

□保護者から「子どもがいじめられているのではないか」と連絡があったらどうするか。

　　→(確実な情報を得るという発言に対し)確実な情報を得るために具体的にどのような取り組みをするか。

□保護者から「こどもが人間関係に悩んでいる」と電話があった。どう対応するか。

※入退室を含め，おおよそ10分。面接官2人が2，3問ずつ出題した。

※自己PR文に書いたものから質問があった。

※最後に保護者対応の問題がでる。

・ひとりはほとんど笑わず，もうひとりは笑顔を返してくれた。

・面接官はずっと無表情であった。

▼高校数学　面接官2人　時間10分

【質問内容】

□友人からどんな人だと言われるか。

　→エピソードは。

□教員に求められる資質とは。

□教員になるために努力していることは。

□生徒からメールアドレスを聞かれたらどうするか。

・あらかじめ質問が用意されているようだった。


▼中学社会　面接官2人　時間10分

【質問内容】

□あなたが日常生活で心掛けていることは。

□教員の資質とは何か。

□あなたが普段努力していることは。

□保護者から「息子がクラスに馴染めていない」と電話があったらどう対応するか。

□理想の教員像。

□教育に必要な資質とはなにか。

□あなたは周りからどのような人物だと思われているか。

　→それをどう子どもたちへ伝えるか。


▼高校英語　面接官3人　時間15分

※日本語担当の面接官と英語担当の面接官がいる。質問によって日本語または英語で答えるように指示される。

【質問内容】

□特別選考を受験した理由。

□公務員の身分上の義務。

□英語の必修科目。

□自己紹介と教員を志望する理由。(英語)

□CAN−DOリストについてどう思うか，実際に使っていたか。(英語)

□生徒が英語を習得する上で大切だと思うこと3つ。(英語)

□グローバルな人材とはどのような人材だと思うか。

□自分はグローバルな人材を育成できると思うか。

□生徒が授業中に入試対策をするように言ってきた。どのように対応するか。(英語)

・英語である程度自分の考えを話せないと厳しいと思った。

▼養護教諭　面接官2人　時間15分

【質問内容】

□子どもと信頼関係をもつためにどうしたらいいか。

□児童生徒理解についてどのように考えているか。

□養護教諭のやりがいは何か。

□あなたが健康に気をつけていることは。

　→それを児童に教えるとすると，どのように教えるか。

□よく保健室に来る生徒の担任に「保健室に行かないようにきびしく言ってください」と言われたらどうするか。

□保健室経営について，工夫したいことはどんなことか。

▼特別支援　面接官2人　時間10分

【質問内容】

□受験番号は。

□最近関心を持って取り組んでいることは。

　→どんなことを学んだか。

　→学校現場でどう活かせるか。

□教師にとって必要な資質は何か。

　→具体的にどのようなことか。

□理想の教師像は。

　→そうなるために，どう子どもと接していくか。

□特別支援学校では，うまくコミュニケーションがとれない子どももいるが，どう関わっていくか。

□保護者から「うちの子が学校でいじわるをされたと言っている」と
　連絡があった。どう対応するか。
※落ち着いて端的に答えるように指示がある。
・こちらが答えたことに対して，「～ということはとても大切ですよ
　ね」「～という順序で対応していくということですね」というよう
　に，まとめながら同意を求めてくれたので安心して話しやすかった。


◆2次試験
〈試験当日の携行品〉
※下記以外のものは試験で使用することはできない。
▼受験者全員
・受験票　・鉛筆(HB)　・定規　・消しゴム　・お弁当　・上履き
・下履きを入れる袋
※岡山工業高校，烏城高校又は県生涯学習センターが試験会場となっ
　た場合は，上履き及び下履きを入れる袋は不要である。


▼小学教諭受験者
・体育実技のできる服装及び体育館用シューズ(上履きとは別のもの)


▼中高保体受験者
・体育実技のできる服装　・体育館用シューズ(上履きとは別のもの)
及び屋外シューズ　・柔道着(武道で柔道を選択する者)


▼中高音楽受験者
・アルトリコーダー


▼中高美術受験者
・水彩絵の具　・ポスターカラー　・パレット　・筆　・筆洗　・定
規　・コンパス　・はさみ　・デッサン用鉛筆　・練り消しゴム又は

消しゴム　・計り棒(必要とする者のみ)　・作業着(必要とする者のみ)
・筆ふき用の布

▼高校書道受験者
・すずり　・墨(墨汁可)　・筆(大，中，小，かな用)　・下敷(条幅用
を含む)　・文鎮　・練習用紙

▼中高家庭
・裁縫用具　・調理のできる服装


◆集団面接(2次試験)
　※主な評価の観点は，「発言の明確さ，的確さ」「使命感，意欲的態度」
　　「誠実さ，社会性，協調性」。
〈進行〉
○これから，集団面接の進め方について説明します。なお，集団面接
　中は，一切メモをとらないでください。
○最初に問題を言います。その問題について，考えのまとまった方か
　ら1分以内で考えを述べて下さい。1分を超えた場合は，途中でも話
　しをやめていただきますので注意してください。
○全員が1回ずつ意見を述べたのち，その問題について自由に話し合
　いをしていただきます。十分な時間がないので，要領よく話してく
　ださい。
○それでは，問題を言います。
○はい，それでは，考えのまとまった方から，手を挙げてください。
○これから，15分程度自由に話し合いをしていただきます。こちらか
　らは特に指示はしません。それでは始めて下さい。
【テーマ(1日目)】(①〜⑩はグループ番号を表す)
□子どもたちや保護者，地域住民から信頼される教職員とは，あなた
　はどのような教職員だと思いますか。(①②)

□授業を通して子どもたちの学ぶ意欲の向上を図るために，あなたはどのような取組を行うことが大切だと思いますか。(③④)

□共に成長し合う学級集団づくりをするために，あなたはどのような取組を行うことが大切だと思いますか。(⑤⑥)

□確かな指導力のある教職員とは，あなたはどのような教職員だと思いますか。(⑦)

□子どもたちが自然や美しいものに感動する心を育むために，あなたはどのような取組を行うことが大切だと思いますか。(⑧⑨)

□子どもたちが将来，社会的に自立し，社会の中で自分の役割を果たしながら，自分らしい生き方を実現する力を身に付けるために，あなたはどのような取組を行うことが大切だと思いますか。(⑩)

〈予備〉

□おかやまマラソンでは多くのボランティアスタッフの活躍が期待されますが，あなたは子どもたちにボランティア活動を通じてどのような力を身に付けさせたいと考えますか。

【テーマ(2日目)】(①～⑩はグループ番号を表す)

□コミュニケーション能力が備わった教職員とは，あなたはどのような教職員だと思いますか。(①②)

□子どもたちに家庭で主体的に学習する習慣を身に付けさせるために，あなたはどのような取組を行うことが大切だと思いますか。(③④)

□子どもたちにクラスの一員であるという意識を持たせるために，あなたはどのような取組を行うことが大切だと思いますか。(⑤⑥)

□子どもたちが多様で変化の激しい社会で生き抜く力を身に付けるために，あなたはどのような取組を行うことが大切だと思いますか。(⑦)

□スマートフォンなどの普及により引き起こされる，ネット上のいじめやトラブル，依存症などの問題から子どもたちを守るために，どのような取組を行うことが大切だと思いますか。(⑧⑨)

□偏食や朝食欠食など，子どもたちの食生活の乱れを改善するために，あなたはどのような取組を行うことが大切だと思いますか。(⑩)

〈予備〉

□子どもたちに失敗しても根気強く取り組んでいく態度を養うために，あなたはどのような取組を行うことが大切だと思いますか。

▼小学校教諭　面接官4人　受験者7人　時間30分

【テーマ】

□子どもたちにクラスの一員であるという意識を持たせるために，あなたはどのような取組を行うことが大切だと思いますか。

□共に成長し合う学級集団づくりをするために，あなたはどのような取組を行うことが大切だと思いますか。

□授業を通して子どもたちの学ぶ意欲の向上を図るために，あなたはどのような取組を行うことが大切だと思いますか。

□子どもたちが自然や美しいものに感動する心を育むために，あなたはどのような取組を行うことが大切だと思いますか。

※最初に1人1分自分の意見を述べる(挙手制)。その後15分で討論を行う。

▼中学国語　面接官4人　受験者7人　時間30分

※はじめに1分間で自分の意見を述べる(挙手制)。その後，時間いっぱい討論を行う。

・自分の意見ばかりでなく，他の人の意見も加えて発表したり，相手や周囲への気配りが大切である。

▼高校国語　面接官2〜5人　受験者6人　時間20〜30分

【テーマ】

□子どもたちや保護者，地域住民から信頼される教職員とは，あなたはどのような教職員だと思いますか。

※最初に受験番号と氏名を述べ，説明があった後テーマが発表される。

1分後考えがまとまった人から1分以内で簡潔に自分の考えを述べる。挙手制で面接官が指名する(順番は評価に影響しない。)。全員が考えを述べたあと，また説明があって，先ほどのテーマや意見を聞いた上で15分自由に討論する。特に司会は設けない。討論後は，そのまま退出。

※半円形に着席。メモは不可。受験者は同一校種・教科。

※討論後の質問は一切なかった。

※集団面接となっているが内容は討論であった。

・私たちのグループは司会がなくても上手くできた。


▼高校数学　面接官4人　受験者8人　時間20〜25分

【テーマ】

□子どもたちに家庭で主体的に学習する習慣を身に付けさせるために，あなたはどのような取組を行うことが大切だと思いますか。

※「集団面接」となっているが，実際は「集団討論」。まず，テーマを与えられ，思いついた人から1人1分ずつ意見を発表する。その後討論を始める。

・頷きながら聞いてくれる面接官が2人いた。


▼中学社会　面接官4人　受験者7人　時間20分

【テーマ】

□スマートフォンなどの普及により引き起こされる，ネット上のいじめやトラブル，依存症などの問題から子どもたちを守るために，どのような取組を行うことが大切だと思いますか。

・事前にメンバーと打ち合わせておくこと。

・テーマについて討論する背景から考えるとやりやすい。

(例：なぜ今ネットトラブルが問題になっているのか。)

▼特別支援　面接官5人　受験者7人　時間20分

【テーマ】

□子どもたちや保護者，地域住民から信頼される教職員とは，あなたはどのような教職員だと思いますか。

※1分間で自分の意見を述べ，そのあと討論に入る。


◆個人面接(2次試験)

※主な評価の観点は，「発言の明確さ，的確さ」「使命感，意欲的態度」「誠実さ，社会性，協調性」。

▼小学校教諭　面接官2人　時間15分

【質問内容】

□大学のサークルについて。

□教育実習について。

　→難しかったことは。

　→指導教官から言われたことで印象に残っていることは。

□大学でがんばったことは。

□出願の状況，特別支援学校でも大丈夫か，など確認。

□今のクラスはどんなクラスか。

　→課題はなにか。

　→二学期に子どもに何を話すか。

□部活で大変だったことは。

□どうして教員になりたいのか。

□これまでの教員採用試験と比べて努力したことは。

□講師をしている中での反省点は。

□1学期を振り返って点数で表すと何点か。

□先生方との交流をどのように行っているか。

□子どもにとって理想の教師とは。

□通常学級を受け持ったときにどういうことを気をつけたいか。

□クラスの子どもたちからどのように思われているか。

□あなたの魅力は。
□特技について。
□昨年までの試験の反省点を分析すると今年と何が違うのか。
□ストレス発散法は。
□来年落ちたらどうするか。
□今の学級は100点満点の何点。
□今の学級で厳しく指導していることは。
・主に願書から聞かれた。


▼中学国語　面接官2人　時間10分
【質問内容】
□志望動機は。
□特別支援学校にも勤務できるか。
□現在の勤務時数は。
□子どもが小さくても協力してくれる人はいるか。
□部活動は運動部でも大丈夫か。
・面接官は2人ともにこやかに話してくれた。
・願書として自己PRを提出したが，面接の時に使用している感じではなかった。履歴の方からの質問が大半であった。


▼高校国語　面接官2人　時間15分
【質問内容】
□なぜ岡山県を受験したのか。
□岡山県以外に受験した自治体はあるか。
　→両方合格した場合どちらを選ぶのか。
　→両方不合格だった場合どうするのか。
□特別支援学校に配属されてもよいか。
□岡山県内であればどこに配属されてもよいか。
□あなたは周りの人からどのように見られていると思うか。
　→それはなぜか。

223

□あなたが苦手とする人はどのようなタイプか。

　　→苦手な人と接するときに心がけていることは何か。

□2次試験までの間，どう過ごしていた。

□免許はとれるか。

□司書教諭の免許はとるか。

□民間や公務員は受けているか。

　　→教員採用試験に落ちたらそちらにいくか。

□日赤(サークル)はどんなことをするのか。

　　→役職などはどのようなものがあるのか。

□僻地でもよいか。

　　→特別支援学校はどうか。

　　→中学校の免許も持っているけど中学校でもよいか。

□(自己アピールより)相手の気持ちを受け入れて，とあるが具体的には。

□留学生とは何語で交流したのか。

□教員採用試験に落ちたらどうする。

□1次試験後にしていたこと。

□2次試験対策は十分にできたか。

□(願書に記した現代文・古文・漢文の得意な順番を見て)苦手な分野の指導ができるか。

□部活動について。

　　→部活動での挫折経験はあるか。

□特技の活動で感じたこと。

　　→その活動は現在も続けているのか。

□部活の顧問は何でもできるか。

□教科指導で大切にしていること。

□自分が担任として目指す学級とは。

□元気が有り余る子への対応ができるか。

・和やかな雰囲気で，願書からの質問が多かった。

・提出した受験願に書かれていることを中心に聞かれた。面接官は二

人ともにこやかで相槌もあり，談笑している雰囲気だった。

▼高校数学　面接官2人　時間20分
【質問内容】
□教員を目指した理由。
□特別支援学校でも良いか。
　→中学校でもよいか。
□岡山県の印象は。
□他県に合格したらどうするか。(志望度)
・終始おだやかで圧迫ではなかった。

▼中学社会　面接官2人
【質問内容】
□教員になりたい理由。
□中高の部活について。
□大学のサークルについて。
□実習校の規模は。
□やんちゃな子どもへの対応。
　→そのような子にひるまないか。
□特別支援でも大丈夫か。
□一人暮らしは大丈夫か。
□なぜ社会教育主事の免許をとったのか。

▼特別支援　面接官2人　時間20分
【質問内容】
□教師になりたい理由。
□経歴書からの質問
　→講師で働いていたときに苦労したことは。
　→アンガーマネジメントについて。
　→昨年度の不合格の結果を見て自分でどう受けとめたか。

→学校現場を離れた職場で何を学んだか。

◆実技試験(2次試験)

　▼小学校教諭

　【体育課題】

　□ラジオ体操

　※4人グループで第一の7番まで行った。

　□器械運動(マット運動)

　後転 → 伸膝後転 → 開脚前転

　□ボール運動(バスケットボール)

　ドリブル → スライドストップ → ジャンプシュート

　※主な評価の観点は,「技術に対する知識・理解」「技能の習得の状況」。

　※器械運動とボール運動は,練習 → 本番の流れ。

　【音楽課題】

　□新学習指導要領に示された歌唱共通教材「夕やけこやけ」,「ふじ山」,
　　「さくらさくら」,「とんび」,「ふるさと」のうち,当日指定する曲
　　をピアノで弾き歌いする。

　※各自で楽譜を持参してよい。移調も可。

　※主な評価の観点は,「音楽の知識・理解」「表現の技能」。

　▼中高家庭

　※主な評価の観点は,「被服・食物に関する技能」「材料・用具の扱い
　　方,作業態度」。

　【食物課題1】

　□机上に示す4種の食品を目測し,その概量を記入しなさい。(食品に
　　は触れないこと)

　【食物課題2】

　□調理台の材料のうち,必要なものを使って,ハンバーグステーキと
　　にんじんのバター煮を作り,指定の皿に盛りつけなさい。台の上の
　　材料は,合いびき肉70g,玉ねぎ35g,にんじん約50g,パン粉5g,

卵12gである。また，調味料については，下表に○を記入しなさい。使用しなかったものについては空欄とする。

記入例→

| 酢 | ○ | |
|---|---|---|

|  | ハンバーグステーキ | にんじんのバター煮 |
|---|---|---|
| さとう | | |
| 塩 | | |
| こしょう | | |
| 油 | | |
| バター | | |
| しょうゆ | | |
| 牛乳 | | |
| 酒 | | |

【被服課題】

□次の1，2を制限時間内に完成させなさい。ただし，製作する順序は問わない。

1　配布された布を(1)～(3)の指示に従って縫いなさい。なお，縫う位置や長さは下図を参照のこと。

(1)　半返し縫い・まつり縫い・なみ縫いをすること。

(2)　糸は赤色を使用すること。

(3)　縫い始めと終わりには玉どめ・玉結びをすること。

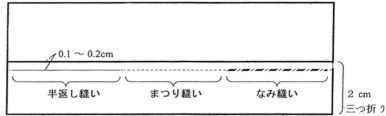

注意：縫う位置を示す線の模様は、実際の縫い方とは一致していない。

2　家庭で不要になった布製品を用いて，ティッシュボックスカバーの製作を授業で行いたい。次の(1)～(4)の指示に従い，生徒に提示する見本を製作しなさい。

(1)　カバーの大きさは，配布しているティッシュボックスが入るようにすること。

(2)　裁断については，余り布が出てもよい。

(3)　手縫いをする場合は赤色の糸を使用すること。

(4)　ボタン2個は，必ずどこかに使用すること。ただし，飾りでもよい。


▼中高音楽

□全訳コールユーフンゲン(第1巻)No.18～No.35(原書番号)のうちから1曲，No.48～No.59(原書番号)のうちから1曲を当日指定する。

□「荒城の月」，「早春賦」，「夏の思い出」，「花」，「浜辺の歌」のうち，当日指定する歌唱教材をピアノで弾き歌いする。

※各自で楽譜を持参してもよい。移調も可。

□アルトリコーダーによる新曲視奏

※主な評価の観点は，「音楽の知識・理解」「表現の技能」。


▼中学保体

□ラジオ体操

□陸上競技

□器械運動

□球技
□武道(柔道又は剣道)
□ダンス
※主な評価の観点は,「技術に対する知識・理解」「技能の習得の状況」。

▼高校保体
□ラジオ体操
□陸上競技
□器械運動
□球技
□武道(柔道又は剣道)又はダンス
※主な評価の観点は,「技術に対する知識・理解」「技能の習得の状況」。

▼中学美術　時間100分
※主な評価の観点は,「形態,画面構成」「明暗,配色」「テーマ性,
　完成度」。
【デッサン課題】
□机上にあるモチーフを,それぞれの特徴がよく表れるように配置し,
　構図を考え,画用紙に鉛筆デッサンせよ。
使用するモチーフ…松ぼっくり,トイレットペーパー,ガラスの入れ
　　　　　　　　　物,手引き糸のこ,きり
【平面構成課題】
□ケント紙に12×18(cm)の長方形を書き,次の課題をせよ。
　長方形の中に「悲しみ」というテーマで平面構成し,ポスターカラ
ーで塗りなさい。ただし,縦横は自由とし,裏面に制作のコンセプト
を簡潔に記入すること。

▼高校美術　時間100分
※主な評価の観点は,「形態,画面構成」「明暗,配色」「テーマ性,
　完成度」。

229

【デッサン課題】

□机上にあるモチーフを，それぞれの特徴がよく表れるように配置し，構図を考え，画用紙に鉛筆デッサンせよ。

使用するモチーフ…松ぼっくり，トイレットペーパー，ガラスの入れ物，手引き糸のこ，きり

【平面構成課題】

□ケント紙に12×18(cm)の長方形を書き，次の課題をせよ。

長方形の中に「緊張」というテーマで平面構成し，ポスターカラーで塗りなさい。ただし，縦横は自由とし，裏面に制作のコンセプトを簡潔に記入すること。

▼高校書道　時間120分

※主な評価の観点は，「字形」「構成」「線質」「表現力」。

【課題1】

□別紙印刷の古典(一)，(二)を，所定の用紙に臨書せよ。(紙は縦にして使用すること。)

(一)牛橛造像記
(二)高野切第三種

（一）牛橛造像記

（二）高野切第三種

【課題2】

□次の詩は，八木重吉の「夕焼け」である。「漢字仮名交じりの書」
　として体裁よくまとめよ。(漢字，仮名の変更は認めない。書体，
　改行は自由。紙は横にして使用すること。)

231

> ゆう焼けをあび
> 手をふり
> 手をふり
> 胸にはちさい夢をとぼし
> 手をにぎりあわせてふりながら
> このゆうやけをあびてゐたいよ
>
> 　　　　　　　　　　　　八木重吉の詩

【課題3】

□次の演題を模造紙に，縦書きと横書きで，それぞれ表現を変えて，二種類揮毫せよ。(書体，改行は自由。)

「篆刻の文字造形と刻線美について」

【課題4】

□次の①漢字，②仮名の<u>いずれか一つ</u>を選び，半切に体裁よくまとめよ。(書体，改行は自由。紙は縦にして使用し，文字は縦書きにすること。)

①漢字

碧山過雨晴逾好緑樹無風晩自涼

②仮名

はるすぎて　なつきにけらし　しろたへの　ころもほすてふ　あまのかぐやま


◆模擬授業・口頭試問(2次試験)

　※養護教諭の区分の受験者には，模擬場面指導・口頭試問を実施する。

　※主な評価の観点は，「児童・生徒の理解」「教科指導(保健指導)に関する知識・技能の保有」「使命感，教育的愛情」「意欲的態度，誠実さ，社会性，協調性」「発言の明るさ，的確さ」。

▼小学校教諭　面接官2人　時間25分

※2つ提示された課題の中から1つを選び，3分構想，6分授業を行う。
　児童は面接官。

※模擬授業のあと口頭試問。

【模擬授業課題】

〈提示1〉

□算数(1年　長さ比べ)

□国語(4年　慣用句についてしろう)

〈質問内容〉

□模擬授業で工夫したこと。

　　→この後どうする予定だったか。

　　→失敗点は。

　　→改善点は。

□児童主体の授業とは。


〈提示2〉

□国語

□理科(磁石)


〈提示3〉

□算数(4年　立体)

□社会(5年　情報化社会)

〈質問〉

□授業の反省点と良かった点。

　　→工夫したところや配慮したことろ。


〈提示4〉

□国語(白いぼうし)

□理科(6年　からだのつくり)

〈質問〉

□授業の反省点と良かった点は。

□目当ては何にする予定だったか。

□どのようなことがノートに書けていたら目当てが達成したと言えるか。

【口頭試問内容】

□自分のクラスに不登校で今年度から登校再開する子がいたらどうするか。

□総合の時間の農業体験の時の農家の人へボランティアをお願いするとき気をつけることは。

□道徳で子どもたちに自己の成長を感じさせるためには。

□学習発表会を通して何を学ばせたいか。(道徳教育と関連させて)

□どんな学級にしたいか。

□年度末に「あの子とは同じクラスにしないで」と保護者から言われたらどうするか。

□2学期が始まってからクラスが落ち着かない。どんな取り組みをするか。

□自分の気持ちを出しづらい子が不登校になっている。そんな状況を生まないためにどんな学級にしたいか。

□キャリア教育を小学校段階からするが，どのようなことをするか。

□学級経営において大切なことは。

　　→それをどうやって行うか。

□幼稚園・小学校・中学校の連携について。

□幼稚園から小学校，小学校から中学校へはどんなハードルがあり，どんな配慮をするか。

□クラスの児童の腰のあたりにあざがあった。どうするか。

□道徳教育ではどんなことがしたいか。

□食育でとりくみたいことは。

　　→家庭でも取り組みたいときどうするか。

□担任をしていく上で気をつけたいことは。
□コミュニケーション能力を育てるためには。
□保護者とコミュニケーションをとるためには。
□道徳と特別活動をどう結び付けるか。

▼中学国語　面接官2人　時間15分
【模擬授業課題】
□学習指導要領　話す聞くの言語事項(1年)を見せられそれに関する授業をする。
※「先生，何をすればええんか分からん」と生徒役の面接官より発言があった。
※模擬授業後，口頭試問を行う。
【口頭試問内容】
□学力の三要素。
□文法(動詞の活用)を生徒に話すように。
□書写の内容と取扱い，毛筆について。
□苦情処理について，「僕だけ怒られる」と言われたらどう対応する。
　→それでもダメなら。

▼高校国語　面接官2人　時間15〜20分
※前半は口頭試問。
【口頭試問内容】
□国語科の構成
□動詞の活用の種類がわからないという生徒にどのように教えるか。
　(場面指導)
□授業中に我が子だけが怒られたと保護者から電話があった時の対応。
□自分にとって古典を学ぶ意義。
□高等学校国語の評価規準は。
□宿題をしてこない生徒にどう対応する。

□古文の係り結びが分からない生徒にどう教えるか。(場面指導)

※場面指導は考える時間を含め2分。板書可能で，使うか使わないか
　は自由。

※追加質問はない。

【模擬授業課題】

□「(1)　国語総合の内容　Ａ　話すこと・聞くこと　ウ　課題を解決し
　たり考えを深めたりするために，相手の立場や考えを尊重し，表現
　の仕方や進行の仕方などを工夫して話し合うこと。

　(2)　言語活動例　ウ　反論を想定して発言したり疑問点を質問した
　りしながら，課題に応じた話し合いや討論などを行うこと。」を用
　いて授業を行う。

〈質問〉

□(授業に対して)そんなことをやって社会の役に立つの。

□模擬授業のよかったところ，悪かったところは。

□質問に対しての回答はどうだったか。

※上記の内容・言語活動例が書かれたカードを渡され説明がある。内
　容を踏まえてそこに書かれた言語活動を取り入れた授業を4分で考
　える(構想)。授業時間は6分。

※面接官は受験者側が指名しても発言しないが，「何をすれば良いの
　か分かりません」などの発言は行う。

※授業終了後，できたところ，できなかったところなど模擬授業に関
　する質問をされる。

・面接官はにこやかで終始頷いていた。


▼高校数学　面接官2人　時間10分

【模擬授業】

※1分で授業展開を考え，6分間授業をする。面接官のうち一人は理解
　の速い生徒，一人は居眠りをする生徒を演じていた。

※模擬授業のあと口頭試問を行った。

【口頭試問内容】

□先ほどの模擬授業の目当ては何か。

□今後の授業展開はどうするつもりだったのか。


▼中学社会　面接官2人

【模擬授業課題】

□歴史(中国文明)

※3冊の教科書を見て構想を練る。(東書，帝国，日本文教)

※授業をしたのち，口頭試問へ移る。

【口頭試問内容】

□中国文明をどのようにまとめるか。

□言語活動をどう取り入れるか。

　　→どのような教材を追加するか。

□総合的な学習の時間の目標。

　　→例えばどのような取り組みをするか。

□学級担任としてこころがけること。

□保護者から「うちの子が叱られた」とクレームがあった。どう対応
　するか。


▼特別支援　面接官2人　時間20分

【模擬授業課題】

□算数(繰り上がりの計算)

□国語(漢字の学習)

※どちらかを選択し，5分間考えて，10分間の授業を行う。その後口
　頭試問へうつる。

【口頭試問内容】

□どのような子を設定して授業をしたか。

□イマージョン教育についてどう思うか。

□支援とはどういう意味か。

## 2015年度

◆個人面接(1次試験)　面接官2人　5～10分
　※主な評価の観点は，発言の明確さ・的確さ，使命感・意欲的態度，
　　誠実さ，社会性，協調性である。

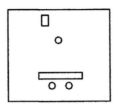

▼中学数学
【質問内容】
□教師を志した理由は何か。
□日常で気をつけていることは何か。
　→それをどのように生徒に伝えるか。
□もし挫折しそうになったらどうするか。
　→実際にその経験はあるか。
□保護者から「うちの子が友人関係で悩んでいる」との連絡があった
　とき，どのように対処するか。


▼高校数学
□教員になろうとした理由を述べよ。
□今までで一番頑張ったことは何か。
　→それを今後にどう生かすか。
□食事で気をつけていることは何か。
　→食育の大切さをどう生徒に伝えるか。
□担任の生徒の親から，隣のクラスの先生に，子どもが怒られたとい
　う電話をうけた。どう対応するか

▼高校地理

【質問内容】

□教員を志した理由は何か

□最近頑張ったことは何か。

□教員のやりがいは何か。

□目上の人と話をするときに気をつけることは何か。

□保護者から「うちの子が『時間が無いから勉強できない』と言って勉強をしない。何とかしてくれ。」との連絡があった。どう対応するか。

▼養護教諭

【質問内容】

□日常生活の中で心掛けて取り組んでいることはなにか。

→そのことについて，子どもたちに話をする機会があれば，どのように伝えるか。

□養護教諭として必要な資質は何か。

□最近，あなたが頑張っていることは何か。

→そのことは，養護教諭としてどのように生かせていけるか。

□電話対応した際，保護者から「うちの子が悪くないのに先生に怒られた」と言われた。あなたはこの件について詳しく知らない。この電話にどう対応するか。

→電話を切ったあとはどうするか。

◆集団討論(2次試験)　面接官2～6人　受験者5～7人　25分

※一人1分以内に挙手制でテーマに対する意見を発言した後，15分程度の討論を実施。

※集団面接中は，一切メモをとることができない。

※個別の発言は，1分を過ぎたら途中でも打ち切り。

※討論中，面接官は特に指示をしない。

※主な評価の観点は，発言の明確さ・的確さ，使命感・意欲的態度，誠実さ，社会性，協調性である。

※受験日や午前・午後によってテーマが変わる。

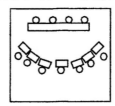

▼小学校教諭

【テーマ】

□特別な支援を要する子の教育のためにどのように取り組むか。

□子どもたちの生命尊重の心や自尊感情を育成することが求められているが，子どもたちの自己肯定感を高めるために，あなたはどのような取組を行うことが大切だと思うか。

　・自己肯定感をつけるためには，子どもを褒める，良さを見出すといった観点から，具体例を出しながら話した。

　・自分がある程度知識もあり，全体の議論を進めていける自信があるなら，司会をしたほうが印象がよくなる。

▼中学数学

【テーマ】

□発達障害のある児童生徒が増えているが，一人一人のニーズに応じた特別支援教育を推進するために，あなたはどのような取り組みを行うことが大切だと思うか。

▼高校英語

【テーマ】

□子どもの読書離れが進んでいるが，子どもの読書を豊かにするために，どのような取り組みができるか。

・自分のことに精一杯で他の人の意見に耳を傾けられなくなることもあるので，普段から他人の意見を踏まえた上で，自分の意見を言えるようにしておく練習が必要。

▼特別支援学校

【テーマ】

□学校におけるICTの整備が進んでいるが，日常的にICTを活用した教科指導を行うために，あなたはどのような取り組みを行うことが大切だと思うか。

□子どもの読書離れが問題とされ，学校では朝読書などが実施されているが，子どもの読書活動を豊かにするために，あなたはどのような取り組みを行うことが大切だと思うか。

・発表をする時に手を挙げる，周りを見てから発言する，発言をしているときは全員に目を配る，他者の意見を反映させて自分の意見を述べるなど，協調性の部分が大切なように感じた。

【その他の課題】

〈1日目〉

2 問　題（①〜⑪はグループ番号を表す）

| | |
|---|---|
| ① | 学校におけるICTの整備が進んでいますが，日常的にICTを活用した教科指導を行うために，あなたはどのような取組を行うことが大切だと思いますか。 |
| ② | 学校におけるICTの整備が進んでいますが，日常的にICTを活用した教科指導を行うために，あなたはどのような取組を行うことが大切だと思いますか。 |
| ③ | 子どもの読書離れが問題とされ，学校では朝読書などが実施されていますが，子どもの読書活動を豊かにするために，あなたはどのような取組を行うことが大切だと思いますか。 |
| ④ | 子どもの読書離れが問題とされ，学校では朝読書などが実施されていますが，子どもの読書活動を豊かにするために，あなたはどのような取組を行うことが大切だと思いますか。 |
| <昼食・休憩　12:00〜13:00> | |
| ⑤ | 子どもたちの規範意識の低下が問題となっていますが，子どもたちの規範意識を育むために，あなたはどのような取組を行うことが大切だと思いますか。 |
| ⑥ | 子どもたちの規範意識の低下が問題となっていますが，子どもたちの規範意識を育むために，あなたはどのような取組を行うことが大切だと思いますか。 |
| ⑦ | 人間関係の希薄化が問題となっていますが，子どもたちに他人を思いやる心を育むために，あなたはどのような取組を行うことが大切だと思いますか。 |

| | |
|---|---|
| | **＜休　　　憩　14：30〜14：45＞** |
| ⑧ | 互いの人権が尊重される社会の実現を目指して、様々な取組が進められていますが、子どもたちの人権感覚を育むために、あなたはどのような取組を行うことが大切だと思いますか。 |
| ⑨ | 互いの人権が尊重される社会の実現を目指して、様々な取組が進められていますが、子どもたちの人権感覚を育むために、あなたはどのような取組を行うことが大切だと思いますか。 |
| ⑩ | 地域住民による学校教育を支援する仕組みづくりが求められていますが、地域の人材を学校教育活動の中で生かすために、あなたはどのような取組を行うことが大切だと思いますか。 |
| ⑪ | 地域住民による学校教育を支援する仕組みづくりが求められていますが、地域の人材を学校教育活動の中で生かすために、あなたはどのような取組を行うことが大切だと思いますか。 |

〈2日目〉

2　問　　題　（①〜⑪はグループ番号を表す）

| | |
|---|---|
| ① | 発達段階に応じて、学校の教育活動全体を通した系統的なキャリア教育が必要とされていますが、子どもたちが自らの生き方について考え、主体的に将来を決定できるようにするためには、あなたはどのような取組を行うことが大切だと思いますか。 |
| ② | 発達段階に応じて、学校の教育活動全体を通した系統的なキャリア教育が必要とされていますが、子どもたちが自らの生き方について考え、主体的に将来を決定できるようにするためには、あなたはどのような取組を行うことが大切だと思いますか。 |
| ③ | 子どもたちの生命尊重の心や自尊感情を育成することが求められていますが、子どもたちの自己肯定感を高めるために、あたなはどのような取組を行うことが大切だと思いますか。 |
| ④ | 子どもたちの生命尊重の心や自尊感情を育成することが求められていますが、子どもたちの自己肯定感を高めるために、あたなはどのような取組を行うことが大切だと思いますか。 |
| | **＜昼食・休憩　12：00〜13：00＞** |
| ⑤ | 子どもたちがインターネット上に書き込んだ内容でトラブルになることがありますが、このような問題を未然に防ぐために、学校ではどのような取組をするべきだと思いますか。 |
| ⑥ | 子どもたちがインターネット上に書き込んだ内容でトラブルになることがありますが、このような問題を未然に防ぐために、学校ではどのような取組をするべきだと思いますか。 |
| ⑦ | 近年、子どもたちの安全を脅かすような事件が増えてきていますが、学校において、子どもたちが安全で安心して学ぶことができる環境を整えるために、あなたはどのような取組を行うことが大切だと思いますか。 |
| | **＜休　　　憩　14：30〜14：45＞** |
| ⑧ | 発達障害のある児童生徒が増えていますが、一人一人のニーズに応じた特別支援教育を推進するために、あなたはどのような取組を行うことが大切だと思いますか。 |
| ⑨ | 発達障害のある児童生徒が増えていますが、一人一人のニーズに応じた特別支援教育を推進するために、あなたはどのような取組を行うことが大切だと思いますか。 |
| ⑩ | 人間関係の希薄化が問題となっていますが、子どもたちの豊かな社会性を育むために、あなたはどのような取組を行うことが大切だと思いますか。 |
| ⑪ | 人間関係の希薄化が問題となっていますが、子どもたちの豊かな社会性を育むために、あなたはどのような取組を行うことが大切だと思いますか。 |

◆個人面接(2次試験)　面接官2人　15分
　※主な評価の観点は，発言の明確さ・的確さ，使命感・意欲的態度，
　　誠実さ，社会性，協調性である。

▼小学校教諭
【質問内容】
□走ること(長距離)が嫌な児童に対し，どのように対応するか。
　→今述べた対応でもだめならどうするか。(3回聞かれた)
□実習で子ども同士のトラブルに遭遇した経験について述べよ。
　→仲直りしたと判断したポイントは何か。
　→その後の自分の働きかけについて述べよ。
□学校で女子児童同士がグループ化し，それぞれが対立している時，
　担任としてどう取り組むか。
□採用された場合，特別支援学校での勤務は可能か。
　・始めは主に願書の内容から質問された。そこから内容を深めて質
　　問されることが多かった。

▼中学数学
【質問内容】
□一次試験合格から今までにしてきたこと。
□自分が教師になる上で育てなければいけないと思うことは。
□中学校・数学を選択した理由は何か。
□岡山県以外に受験したか。
□岡山県・岡山市のどちらでも可能か。
□特別支援学校は可能か。
□宇宙教育リーダー(履歴書に書いた資格)とは何か。
　※出入りも含めて15分で行った。
　・あわてずに落ち着いて答えるようにしたい。
　・すぐに考えが浮かばないようであれば，「少し考えさせていただ
　　いてもよろしいでしょうか」などと言えば待ってくれる。

▼高校英語

【質問内容】

□自分の長所・短所を述べよ。

□一次試験の手応えはあったか。

□教員採用試験の勉強以外に何をしていたか。

□岡山県のどこに配属されてもよいか。

□特別支援学校でもよいか。

□部活の教育的効果はなにか。

□生徒に「なぜ英語を勉強しなければならないのか」と聞かれたらなんと答えるか。

□他県の志望状況はどうか。


▼特別支援学校

【質問内容】

□岡山県を志望した理由を述べよ。

□特別支援学校の教諭を志したきっかけは何か。

□教師の難しいところはどこだと思うか。

□どの障害種を特に専門にしているか。

□ほかの障害種でも大丈夫か。

□どこの勤務になっても大丈夫か。

□岡山県内にある特別支援学校の数はいくつか。

□ボランティア活動で大変だったこと，学んだことを述べよ。

□教育実習で大変だったこと，学んだことを述べよ。

□インターンシップで大変だったこと，学んだことを述べよ。

□今回が不合格の場合，どうするか。

　　・半分は願書などに基づいた内容，もう半分は事務的な内容であった。

　　・一次試験の個人面接より突っ込んで，提出した願書や自己PRから聞かれるので答えられるようにしておいたほうがよい。

▼養護教諭

【質問内容】

□岡山市での採用希望だが，岡山県での採用についてどうか(へき地での勤務について)。

□自分が向いていると思う校種は何か。

　→希望以外の校種での勤務になることについてどう思うか。

□養護教諭(講師)として勤務していて，成長したと感じることはどんなところか。

　→反対に，まだまだ今ひとつと思うところはないか。

□複数配置での勤務について，やりづらさなどはないか。

□今まで採用試験で不合格だったことについて，どのような反省点があるか。

□不合格だった場合，来年度の講師勤務の希望はあるか。

　・これまでの講師経験や，採用となった場合の勤務について詳しく聞かれた。


◆実技試験(2次試験)

▼小学校教諭

【体育課題】

□ラジオ体操

　※音楽に合わせて，1番〜7番までの動きを行う。

□器械運動

　マット運動(前転，後転)

□ボール運動

　バスケットボール(ドリブル→ジャンプシュート)

　※ボールの大きさ，シュートを行う位置が男女で異なる。

　※1回のみ練習可。

　※携行品は，体育実技のできる服装及び体育館用シューズ(上履きとは別のもの)。

※体育課題の主な評価の観点は，技能に対する知識・理解，技能の
習得の状況である。

【音楽課題】

□弾き歌い

新学習指導要領に示された歌唱共通教材「夕やけこやけ」，「ふじ山」，
「さくらさくら」，「とんび」，「ふるさと」のうち，当日指定する曲
をピアノで弾き歌いする。

※各自で楽譜を持参してよい。移調も可。

※主な評価の観点は，音楽の理解，構成，表現の技能である。


▼中高家庭

【課題1】

□食物実技

調理台にある材料を使って，次の1，2を調理し，番号札が正面にな
るように皿に盛りつけ提出しなさい。

1　「プレーンオムレツ」

※卵は2個全てを用いて一人分を調理し，プレーンオムレツのみ
を指定の皿に盛りつけ提出する。

2　「きゅうりとわかめの酢の物」

※きゅうりは1本全てを用いて調理し，指定の皿に適量を盛りつ
け提出すること。また，調味に使用した材料(調味料等)を全て記
す。

【課題2】

□被服実技

家庭で不要になった布製品を用いて，生活を豊かにする物の製作を
授業で行いたい。手ぬぐい1枚を使い，生徒に提示する見本を製作
しなさい。

※製作はミシン縫いでも手縫いでもよいが，作品のどこかに必ず基
礎縫いを用いること。(基礎縫いは本縫い・飾り縫いのいずれに
用いてもよい。)

※下欄に作品名と作り方の手順を書き，基礎縫いを用いた部分がわかるよう表記しなさい。

※配付された手ぬぐいを全て使う必要はない。また，ひもは自由材料であり，適宜必要な長さに切って用いてよい。

【作品名】

【作り方】

※携行品は，裁縫用具，調理のできる服装。

※主な評価の観点は，被服・食物に関する技能，表現力，創造力，材料・用具の扱い方，作業態度である。

▼中高音楽

【課題】

□声楽

全訳コールユーブンゲン(第1巻)No.18〜No.35(原書番号)のうちから1曲，No.48〜No.59(原書番号)のうちから1曲を当日指定する。

□弾き歌い

「荒城の月」，「早春賦」，「夏の思い出」，「花」，「浜辺の歌」のうち，当日指定する歌唱教材をピアノで弾き歌いする。

※各自で楽譜を持参してよい。移調も可。

□アルトリコーダーによる新曲視奏

　　※携行品は，アルトリコーダー。

　　※主な評価の観点は，音楽の理解，構成，表現の技能である。


▼中学保体

【課題】

□ラジオ体操

□陸上競技

□器械運動

□球技

□武道(柔道又は剣道)

□ダンス


▼高校保体

【課題】

□ラジオ体操

□陸上競技

□器械運動

□球技

□武道(柔道又は剣道)又はダンス

　　※中高保体の携行品は，体育実技のできる服装，体育館用シューズ
　　　(上履きとは別のもの)及び屋外シューズ，柔道着(武道で柔道を選
　　　択する者)。

　　※中高保体の主な評価の観点は，技能に対する知識・理解，技能の
　　　習得の状況である。


▼中学美術　100分

【課題】

□デッサン

机上にあるモチーフを，それぞれの特徴がよく表れるように配置し，構図を考え，画用紙に鉛筆デッサンする。

※使用するモチーフは，ペンチ，ティッシュペーパー，ビー玉，紙コップ，ペットボトル(水を入れたもの)。

□平面構成

ケント紙に12×18(cm)の長方形を書き，「やさしさ」というテーマで平面構成し，ポスターカラーで塗る。

※裏面に制作のコンセプトを簡潔に記入する。

▼高校美術　100分

【課題】

□デッサン

机上にあるモチーフを，それぞれの特徴がよく表れるように配置し，構図を考え，画用紙に鉛筆デッサンする。

※使用するモチーフは，ペンチ，ティッシュペーパー，ビー玉，紙コップ，ペットボトル(水を入れたもの)。

□平面構成

ケント紙に10×24(cm)の長方形を書き，長方形の中心を境とし，左側に「やさしさ」を，右側に「きびしさ」というテーマで平面構成し，ポスターカラーでそれぞれ塗る。

※裏面に制作のコンセプトを簡潔に記入する。

※中高美術の携行品は，水彩絵の具，ポスターカラー，パレット，筆，筆洗，定規，コンパス，はさみ，デッサン用鉛筆，練りゴム又は消しゴム，計り棒(必要とする者のみ)，作業者(必要とする者のみ)，筆ふき用の布。

※中高美術の主な評価の観点は，形態・画面構成，明暗・配色，テーマ性，完成度である。

▼高校書道　120分

【課題1】

□次の図版1を半紙に，図版2を仮名用の紙に臨書せよ。

図版1

図版2

※図版2については，この図版の大きさで臨書すること。

【課題2】

□次の短歌を全紙 $\frac{1}{3}$ に，漢字仮名交じりの書で創作せよ。

「己が身の　影もとゞめず水すまし　河の流れを　光りてすべる」

　※用紙の向き，縦書き横書きは自由とする。

【課題3】

□次の内容を葉書に体裁よく書け。

　※葉書は縦長で，文字は縦書きにすること。

　※改行は自由。漢字と仮名は示しているとおりに書く。

　残暑御見舞い申し上げます。

　お変わりございませんか。

　おかげさまで新しい仕事にも慣れてまいりました。

　厳しい暑さが続きますが，

　くれぐれもご自愛くださいませ。

　平成二十六年　晩夏

【課題4】

□次の①漢字，②仮名のいずれか1つを選び，半切に創作せよ。

　①漢字「萬事莫如花下醉百年渾似夢中狂」

　②仮名「あめつちに　われひとりゐて　たつごとき　このさびしさ

　　を　きみはほほゑむ」

　※携行品は，すずり，墨(墨汁可)，筆(大，中，小，かな用)，下敷

　　(条幅用を含む)，文鎮，練習用紙。

　※主な評価の観点は，字形，構成，線質，表現力である。


◆模擬授業(模擬場面指導)・口頭試問(2次試験)　面接官2～3人　約15～

30分

　※模擬授業・模擬場面指導は構想1～3分，実施約6分である。

　※模擬授業・模擬場面指導終了後に，口頭試問が行われる。

　※主な評価の観点は，児童・生徒の理解，教科指導(保健指導)に関す

　　る知識・技能の保有，使命感・教育的愛情，意欲的態度・誠実さ・

社会性・協調性，発言の明確さ，的確さである。

▼小学校教諭

【模擬授業課題】

□国語または算数の模擬授業

　　※教卓の上に裏返して置かれた教科書(見開き1ページ)から，自分が授業をするほうを選択する。

　　※面接官が児童役となり，疑問や指示には答える。

　・構想でメモを取っているときの書く時の姿勢や鉛筆の持ち方も見られていた。

　・「先生それ答え分かるから勉強しなくていいや」という児童のせりふもあった。

【口頭試問】

□授業をする上で難しかったことは何か。

□学級経営で大切にしたいことは何か。

　・板書は消さずすぐに退出する。


▼中学数学

【模擬授業課題】

□半径10cmの球の中心から8cm離れたところの切り口の面積はどうなるか。

　　※7つある課題から1つを選択し，模擬授業を実施する。

　　※授業の導入から展開すること。

　　※教室にはコンパス，定規，マーカー4色が用意されている。

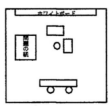

【口頭試問】

□模擬授業を行った問題を扱う学年と単元を答えよ。

□これからどのような流れにする予定だったか。

□どうしたら良いノートが取れるか，また，そのためにどのような板書にすればよいと思うか。

□道徳教育を充実させるにはどうすればよいと思うか。

□総合的な学習の時間を充実させるにはどうすればよいと思うか。

▼高校地理

【模擬授業課題】

　※「学習指導要領p.42～43　地理A　2.内容　(1)現代世界の特色と諸課題の地理的考察　イ世界の生活・文化の多様性」を扱う。

▼高校英語

　※面接官2人はいずれも日本人であった。

　※入室から退室まで，全て英語で実施される。

【模擬授業課題】

□教科書読解が終わった後に，生徒に表現させるための活動をしなさい。

　※2種類ある教科書のコピーから選択し実施。うち1つは，ロボットの発展に関する文章であった。

　※資料には文章と文法が掲載されている。文法項目はhelp+ひと+動詞の原形。

　※黒板の使用可。

　※6分以上過ぎても，授業の途中であれば続行するよう指示される。

　・ふだんから教科書に目を通し，どのような活動ができるかを考えておいたほうがよいと思う。

【口頭試問】

□模擬授業の今後の展開について述べよ。

□コミュニケーション重視の英語が大学入試にそぐわないと言われて

いるが，どう思うか。

□コミュニケーション活動をしたがらない子にどう接するか。


▼特別支援

【模擬授業課題】

□国語「わたしの町」，算数「10まであといくつ」のどちらかを選択
し，実施。

※面接官2人は児童役となり，発問や指示には答える。

※子ども役の面接官は「その答えはわかるから，勉強しなくていい
や」などといった私語も行う。

・構想の際には，書くときの姿勢や鉛筆の持ち方も見られている。


▼特別支援学校

【模擬授業課題】

□2種類の教科書のコピー(こくごの「わたしの町」とさんすうの「10
まであといくつ」)から選んで模擬授業

※コピーの内容は，こくごが道案内，さんすうが時計(9時，12時，
14時，16時)のイラストであった。

※面接官の1人が生徒役，もう1人は入らず離れて見ていた。

※生徒役の試験官は子どもになりきって「わから～ん」などといい，
授業に参加した。

【口頭試問】

□この授業の意図は何か。

□授業の今後の展開について述べよ。

□突発的に発言をする子どもへの対応を述べよ。

□善悪の判断ができない子どもへの対応を述べよ。

□児童が発達障害を有するとき，保護者がその障害を受け入れられな
い場合の対応を述べよ。

□障害児の早期発見についてどう思うか。

□特別支援教育コーディネーターの役割とは。

・学習指導要領を踏まえて答えることが大事だと思う。

▼養護教諭

【模擬場面指導課題】

□小学5年生の子どもが，歯科検診の結果にあったGOについて，昼休みに保健室へ聞きにきた時にどう対応するか。

　※試験官の1人が子ども役となり，いろいろ質問をしてくる。

【口頭試問】

□模擬場面指導をやってみて，あなたが気をつけたことや工夫はどんなところか。

□保健室経営計画について，どんなことを盛りこむか。

□志望動機を述べよ。

□なかなか教室へ戻ろうとしない子どもについて，どのように他の教員の協力を求めるか。

　・答えに対する共感的な態度はあまりなく，終始厳しい表情であった。

## 2014年度

◆集団面接(2次試験)

　※最初に発表された問題について，考えがまとまった者から，1分以内で発表する。

　※発表は1分を超えると，途中でも切られる。

　※全員が発表し終わったら，15分程度で討論する。

【課題】

(1日目)

2 問　題　(①〜⑪はグループ番号を表す)

| | |
|---|---|
| ① | 子どもたちにやる気を持たせるために、あなたはどのような取組を行うことが大切だと思いますか。 |
| ② | 子どもたちにやる気を持たせるために、あなたはどのような取組を行うことが大切だと思いますか。 |
| ③ | 子どもたちによりよい人間関係を築く力を身につけさせるために、あなたはどのような取組を行うことが大切だと思いますか。 |
| ④ | 子どもたちによりよい人間関係を築く力を身につけさせるために、あなたはどのような取組を行うことが大切だと思いますか。 |
| | ＜昼食・休憩 12:00〜13:00＞ |
| ⑤ | 子どもたちの健康や体力の維持増進のために、あなたはどのような取組を行うことが大切だと思いますか。 |
| ⑥ | 子どもたちの健康や体力の維持増進のために、あなたはどのような取組を行うことが大切だと思いますか。 |
| ⑦ | 子どもたちに基本的な生活習慣を身につけさせるために、あなたはどのような取組を行うことが大切だと思いますか。 |
| | ＜休　　憩 14:30〜14:45＞ |
| ⑧ | 人間的に魅力のある教職員とは、あなたはどのような教職員だと思いますか。 |
| ⑨ | 人間的に魅力のある教職員とは、あなたはどのような教職員だと思いますか。 |
| ⑩ | 子どもたち一人一人の能力を伸ばすために、あなたはどのような取組を行うことが大切だと思いますか。 |
| ⑪ | 子どもたち一人一人の能力を伸ばすために、あなたはどのような取組を行うことが大切だと思いますか。 |

3 予備問題

| | |
|---|---|
| 予備 | 子どもたちの安全の意識を高めるために、あなたはどのような取組を行うことが大切だと思いますか。 |

(2日目)

2 問　題　(①～⑪はグループ番号を表す)

| | |
|---|---|
| ① | 子どもたちのコミュニケーション能力を向上させるために、あなたはどのような取組を行うことが大切だと思いますか。 |
| ② | 子どもたちのコミュニケーション能力を向上させるために、あなたはどのような取組を行うことが大切だと思いますか。 |
| ③ | 校種間連携を進めるために、あなたたはどのような取組が有効だと思いますか。 |
| ④ | 校種間連携を進めるために、あなたたはどのような取組が有効だと思いますか。 |
| | **＜昼食・休憩　12:00～13:00＞** |
| ⑤ | 子どもたちが国際社会で生きるために、あなたはどのような取組を行うことが大切だと思いますか。 |
| ⑥ | 子どもたちが国際社会で生きるために、あなたはどのような取組を行うことが大切だと思いますか。 |
| ⑦ | 子どもたちのねばり強さを育むために、あなたはどのような取組を行うことが大切だと思いますか。 |
| | **＜休　憩　14:30～14:45＞** |
| ⑧ | 子どもたちが将来の夢を持てるようにするために、あなたはどのような取組を行うことが大切だと思いますか。 |
| ⑨ | 子どもたちが将来の夢を持てるようにするために、あなたはどのような取組を行うことが大切だと思いますか。 |
| ⑩ | 教職員としての使命感や意欲を持ち続けるために、あなたはどのようなことが大切だと思いますか。 |
| ⑪ | 教職員としての使命感や意欲を持ち続けるために、あなたはどのようなことが大切だと思いますか。 |

3 予備問題

| | |
|---|---|
| 予備 | 子どもたちが情報化社会の中で生きていく力を身につけさせるために、あなたはどのような取組を行うことが大切だと思いますか。 |

※評価の観点は発言の明確さ・的確さ，使命感・意欲的態度，誠実さ・社会性・協調性であった。

※集団面接中はメモをとることができない。


◆個人面接(1次試験)　面接官2人　10分

▼養護教諭

※5分前から受験者3人で待機


257

【質問内容】

□最近読んだ本は何か。

→どのようなことを感じたか。

→そこから感じたものを児童生徒にどのように活かすか。

□教員を目指した理由は何か。

□看護師経験をどのように活かせるか。また，教員として何を学び活かすか。

□「家に帰りたくない」という生徒がいる。養護教諭としてどうするか。

□子どもに関わる際に「話したくない」と，うっとうしく思われた，どうするか。

□最後にあなたが目指す教師像は。

・決まった質問が用意されており，そこから面接官が質問を選んでいた。

・願書の参照はほとんどしておらず，自分の答えたことについて質問が来るような形式であった。

・面接官は男性1人，女性1人で，女性の方は養護教諭のようだった。

・雰囲気は良いが，聞き方は形式的に感じた。

※評価の観点は，発言の明確さ・的確さ，使命感・意欲的態度，誠実さ・社会性・協調性である。


▼科目不明

【質問内容】

□最近気になったニュースは何か。

□日々気をつけていることは何か。

→子どもたちへどう教えるか。

□最近は，家庭などでさまざまな問題を抱えている子がいる。保健室だけに来る子どもや，学校に来ない子どももいる。それぞれ，あなたならどうか関わるか。

□子どもの中には，教師との関わりを拒否する子どももいる。あな

たならどうするか。

□子どもたちにとってどんな養護教諭が必要だと思うか。

□養護教諭に必要な資質は何だと思うか。

→具体的な取り組みはどうするか。

□実習で困ったことは何か。

□信頼関係を築くにはどうしたらよいと思うか。

□今まで頑張ったことは何か。

□今，大学で頑張っていることは何か。

□他職種とどのように連携をとっていくか。


◆実技試験(2次試験)

　▼小学校全科

　【体育課題】

　□ラジオ体操

　□器械運動

　□ボール運動

　【音楽課題】

　□学習指導要領に示された歌唱共通教材「春がきた」「夕やけこや
　　け」「ふじ山」「さくらさくら」「ふるさと」のうち，当日指定す
　　る曲を弾き歌いする。

　※移調も可

　※各自で楽譜を持参できる


　▼中高家庭

　【食物課題】

　□さとう(上白糖)6gを計量スプーンで計量し，皿の上に計量スプー
　　ンごと置きなさい。

　□Aと書いてある皿の大根を「ふろふき大根」用に下処理しなさい。
　　その際，大根が煮えやすくなるように下処理すること。Bと書い

てある皿の大根をすべて千切りにしなさい。切ったものはすべて
元の皿の上に置き，提出しなさい。

□調理台にある材料を使って，「かきたま汁」を2人分作り，1人分
を汁椀に盛りつけ，番号札の所に提出しなさい。残りの1人分は，
紙コップにいれ，併せて提出しなさい。また，使用した材料の分
量を記入しなさい。しょうゆ小さじ1(6g)は，食塩1gに相当するも
のとする。だしは混合だしを各自でとって使用すること。だしと
卵は，下表の分量とする。

| 材　料 | 分　　量 |
|---|---|
| だし | ３０ ０ ｍｌ |
| 塩 | |
| しょうゆ | |
| 卵 | ５０ ｇ（１個） |
| 片栗粉 | |
| 水 | |

【被服課題】

□布を用いて生活を豊かにするための工夫ができる物の製作を行い
たい。布1枚とひも2本を使い，弁当箱(11.5cm×16cm×6cm，
500ml)が入る弁当袋(マチつき巾着袋)の見本を1つ製作しなさい。
刺しゅう針と刺しゅう糸を使い，飾りもつけなさい。また，作り
方の手順を書きなさい。

※評価の観点は被服・食物に関する技能，表現力・創造力，材料・
用具の扱い方・作業態度であった。

▼中高音楽
【課題1】
□全訳コールユーブンゲン(第1巻)NO.18〜35(原書番号)のうちから1
　曲，NO.48〜59(原書番号)のうちから1曲，当日指定される。
【課題2】
□「荒城の月」「早春賦」「夏の思い出」「花」「浜辺の歌」のうち，
　当日指定する1曲を弾き歌いする。
【課題3】
□アルトリコーダーによる新曲視奏
※課題2は各自で楽譜を持参できる。移調も可。
※評価の観点は，音楽の理解と構成する力，表現の技能であった。

▼中学保体
【課題】
□ラジオ体操
□陸上競技
□器械運動
□球技
□武道(柔道または剣道)
□ダンス

▼高校保体
【課題】
□ラジオ体操
□陸上競技
□器械運動
□球技
□武道(柔道または剣道)またはダンス
※評価の観点は，技能に対する知識・理解，技能の習得状況であっ
　た。

▼中学美術

【課題1】

□机上にあるモチーフを，それぞれの特徴がよく表れるように配置
し，構図を考え，画用紙に鉛筆デッサンせよ。

※使用するモチーフは木づち，木の板，バレン，糸のこ，ボンドで
あった。

【課題2】

□ケント紙に12×18(cm)の長方形を書き，次の課題をせよ。

「さわやかさ」というテーマで平面構成し，ポスターカラーで塗
りなさい。ただし，裏面に制作のコンセプトを簡潔に記入するこ
と。

※評価の観点は，形態・画面構成，明暗・配色，テーマ性・完成度
であった。

▼高校美術

【課題1】

□机上にあるモチーフを，それぞれの特徴がよく表れるように配置
し，構図を考え，画用紙に鉛筆デッサンせよ。

使用するモチーフ…木づち，木の板，バレン，糸のこ，ボンド

【課題2】

□ケント紙に10×24(cm)の長方形を書き，次の課題をせよ。

長方形の中心を境とし，左側に「熱風」を，右側に「寒風」と
いうテーマで平面構成し，ポスターカラーでそれぞれ塗りなさい。
ただし，裏面に制作のコンセプトを簡潔に記入すること。

▼高校書道

【課題1】

□次の図版1を仮名用の紙に，図版2を半切$\frac{1}{2}$に楷書せよ。なお，図
版1については，この図版の大きさで臨書すること。

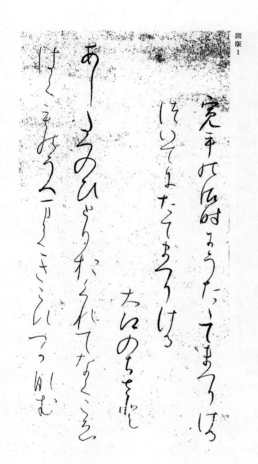

図版1

図版2

【課題2】

□次の短歌を全紙 $\frac{1}{3}$ に，漢字仮名交じりの書で創作せよ。なお，用紙の向き，縦書き横書きは自由とする。

「金色のちひさき鳥のかたちして銀杏ちるなり夕日の岡に」

【課題3】

□次の演題を模造紙に体裁よく書け。ただし，用紙は縦長で，文字は縦書きにすること。

[創立二十五周年記念公演会

演題

「社会貢献活動の意義と課題」

社会福祉士

秋山　浩太郎　先生

【課題4】

□次の①漢字，②仮名のいずれか1つを選び，半切に創作せよ。

　①漢字　「一声渓鳥暗雲散　　万片野花流水香」

　②仮名　「むすぶ手に影乱れゆく山の井のあかでも月のかたぶき
　　　　　にける」

※評価の観点は，字形，構成，線質，表現力であった。


◆模擬授業(2次試験)

　※評価の観点は，児童・生徒の理解，教科指導(保健指導)に関する
　　知識・技能の保有，使命感・教育的愛情，意欲的態度・誠実さ・
　　社会性・協調性，発言の明確さ・的確さであった。


## 2013年度

◆個人面接(1次試験)　面接官2人　5〜10分

　▼小学校全科

　　※今年度から新しく面接試験に変わったが，自己PRなどはなく，身
　　　近な質問から教育的内容の質問に発展させる形式であった。試験
　　　官は2人で半分ずつ質問する。質問内容はリストになっており，
　　　その中から選んで質問される。質問していない担当者はかなり見
　　　てくるので，目線のやり場に困った。試験時間は10分だが，5分
　　　だった人もいたようだ。

【質問内容】

□あなたが食事のときに気をつけていることは。

→そのことを子どもに伝えたいが，どうするか。

□朝食は何を食べたか。

□子どもに「なんで勉強せないかんの」と聞かれたらどうするか。

→「それでもいやや」って子どもにはどう対応するか。

□今までの人生で学んできたことの中でいちばん大切にしていることは。

→それを子どもに伝えるためにはどうするか。

□教師にとっていちばん大切な力は何か。

▼小学校全科

【質問内容】

□あなたが岡山県に住むとしたらどこに住みたいか。

→他県から見た岡山県のよさは何か。

→それを子どもたちに伝えるならどの時間にするか。

→どうやって伝えるか。

□教員のよさは何だと思うか。

→そのほかにあるか。

→(回答に対して)同僚ではなくて子どもたちでないとだめか。

□今まで体験した中で教員としていちばん大切なことは何か。

→それを子どもたちにどう教えたいか。

▼小学校全科

【質問内容】

□今までに読んだ本で，心に残った言葉は。

→その言葉を子どもたちへどのように伝えたいか。

□今まででいちばん頑張ったことは何か。

→そのことを子どもたちへどのように伝えたいか。

□授業を楽しくするような手立ては。

□教師の力で，あなたがいちばん大切だと思う力は。

▼小学校全科

【質問内容】

□食生活で気をつけていることは。

→子どもにどんなことを伝えたいか。

□今まで出会った先生の言葉で，記憶に残っている言葉は。

→どう生かしたいか。

□今まででいちばん努力したことは何か。

※最終グループだったので，時間が押しているのを何とかしようという のが伝わってきた。荷物をどうするかなどの指示が他の部屋ではあったようだが，特に指示はなく試験官に続いて部屋に入る形になり，すぐ座るよう言われ，横に立って一礼する時間もなかった。

▼中学数学

【質問内容】

□食について気をつけていることは。

→その経験から，子どもに何を伝えたいか。

□子どもに見せたい映画はあるか。

→では，その映画を見せて何か子どもに話したいことはあるか。

→そこから何を学ばせたいか。

□今まででいちばん努力したことは。

□何を学び，何を子どもに伝えたいか。

□今，教師にいちばん必要な力は何だと思うか。

→(「学習指導力です」の回答に対して)具体的に教えてください。

→人をひきつける授業とはどんなものか。

→その力をつけるために今努力していることは。

□教師を目指した理由を差しつかえなければ教えてください。

□採用されて，子どもにいちばん伝えたいことは。

□学級活動の時間に何をやりたいか。

▼中学数学

【質問内容】

□食生活で気をつけていることは。

→それを生徒にどのように伝えたいか。

□出会った教師の印象に残っている言葉は。

□今まで学校で学んできたことの中で，いちばん心に残っていることは。

□部活指導でどのようなことを心がけたいか。

□部活の試合で負けた生徒にはどのような声かけをするか。

▼高校数学

【質問内容】

□ストレスへの対処法は。

→生徒のストレス解消法は。

□卒業文集に教師として一言書くことになった。何を書くか。

→具体的には。

□教師に求められる資質・能力は。

→(回答に対して)指導力をつけるために，何か具体的にしていることがあるか。

□これまでの人生でいちばん努力したことは。

▼高校数学

【質問内容】

□今まで読んだ本の中で印象に残っている言葉は。

→それをどう生徒に伝えるか。

□教員に必要な資質は。

→(「生徒理解力」と回答したら)どう生徒に寄り添うか。

→(数学の授業のことを回答したら)授業以外ではどうするのか。

□レクリエーションするなら何をするか。

※最近気になるスポーツ選手について聞かれた人もいた。

▼高校数学

【質問内容】

□日常の食生活で気をつけていることは。

→生徒には，どのようなことに気をつけさせるか。

□朝食を抜いてくる生徒にどのように指導するか。

□教師から言われた言葉で，印象に残っている言葉は。

→生徒には，どのような言葉を伝えたいか。

→なぜ，その言葉を伝えたいのか。

□教師に必要な資質は。

→どのようにその資質を今以上に高めるか。

※2人の面接官からそれぞれ質問された。対応は優しかった。時間
　は5分だった。

▼高校数学

【質問内容】

□最近読んだ本で印象に残っていることは。

→そのことで子どもたちに何を学んでほしいか。また子どもたちが
　どの場面でそれを活用できると思うか。

□クラス担任としてレクリエーションをするなら何がいいか。

→それで子どもたちにどうなってほしいのか。

□今まで学んできた中でいちばん大切だと思ったことは。

→生徒にどのように感じてほしいか。

▼高校商業

※ 面接官2人から，それぞれ2問程度質問された。

【質問内容】

□今まで読んだ本の中で印象に残っている言葉は何か。

→その言葉を今どのように役立てているか。

□卒業文集で生徒にどのような言葉を贈るか。

→その言葉について，生徒に何を話すか。

□今までいちばん努力したことは何か。

※圧迫面接ではなく，短い時間の中でしっかり話を聞いてもらえた。

▼高校英語(特別選考E)　面接官3人　約10分

　※特別選考A，B，D，Eの受験者は，個人面接に代わり，特別面接
　　が行われた。

【質問内容】

□なぜ教員を志望するのか。

→いつから志望しているのか。

□大津市のいじめ問題が話題になっているが，あなたはその防止の
　ために何を日頃行っているか。

□学級づくりで気をつけていたことは何か。

□話を聞く態度の乏しいクラスで，授業を行うことになったらどう
　するか。

□高等学校の新しい学習指導要領について教えてください。

→いつから導入されるか。

□実際に授業でどのような実践ができるか(学習指導要領の改訂を
　踏まえて)。

□アルファベットも書けないレベルの生徒が，多く集まる学校では
　どのように指導するか。

□英語が苦手な生徒にはどう教えるか。

□教育困難校に行っても大丈夫か。

□部活動指導も頑張ってもらえるか。

【評価の観点】

○発言の明確さ，的確さ

○使命感，意欲的態度

○誠実さ，社会性，協調性

※特別面接では，以上に加え，「専門的力量」が加わる。

◆個人面接(2次試験)　面接官2人　15分
　▼小学校全科
　　【質問内容】
　　□なぜ本県を受験したか。
　　□特別支援学校勤務はできるか。
　　□へき地でも大丈夫か。
　　□高学年担任で留意することは。
　　→(その答えについてさらに聞かれる)
　　□学級経営で留意することは。
　　→(その答えについてさらに聞かれる)
　　□今年試験に落ちたらどうするか。
　　※質問に対してさらに質問が来るので対策を講じておきたい。面接
　　　の本を買って勉強したり，インターネットで教員試験でよく出る
　　　面接質問を調べて答える練習をしたりしていたので，答えられな
　　　い質問はなく，すべて想定内だった。クールビズは義務となって
　　　いたので，間違えて上着を着ていかなくてよかった。


◆模擬授業(2次試験) 面接官2人　20分
　▼小学校全科　　面接官2人　20分(構想3分，授業6分)
　　【課題】
　　□歴史(豊臣秀吉)と算数(三角形と四角形)から選択
　　□授業のねらいは。
　　□授業はうまくいったか。
　　※授業後に口頭試問が行われる。
　　【口頭試問・質問内容】
　　□道徳教育推進教師の役割は。
　　□宿題を忘れた児童への対応について。
　　→習いごとが多くてできないと言われたら。
　　□教員としての自分の課題。

□生きる力とは何か。
【評価の観点】
○児童・生徒の理解
○教科指導(保健指導)に関する知識・技能の保有
○使命感，教育的愛情
○意欲的態度，誠実さ，社会性，協調性
○発言の明確さ，的確さ

◆集団面接(2次試験)　面接官4人　受験者6人　25分
　▼小学校全科
　　・まず集団面接の進め方についての説明。集団面接中は，一切メモ
　　　をとらないようにとの指示があった。
　　〜全体の流れ〜
　　・最初に問題を言います。その問題について，考えのまとまった方
　　　から1分以内で考えを述べてください。1分を超えた場合は，途中
　　　でも話をやめていただきますので注意してください。
　　・全員が1回ずつ意見を述べたのち，その問題について自由に話し
　　　合いをしていただきます。十分な時間がないので，要領よく話し
　　　てください。
　　・それでは，問題を言います。
　　【課題】
　　□家庭，地域との連携について。
　　・それでは，考えのまとまった方から，手を挙げてください。
　　※話し合いは15分程度。指示はない。司会は立てず，自由に20分間
　　　討論する。挙手して意見を述べた。

## 【その他の課題】

2 問　題　（①～⑪はグループ番号を表す）

| | |
|---|---|
| ① | 健全な食生活を実践することができる子どもを育てるために、あなたはどのような取組を行うことが大切だと思いますか。 |
| ② | 健全な食生活を実践することができる子どもを育てるために、あなたはどのような取組を行うことが大切だと思いますか。 |
| ③ | これからの子どもたちは将来外国へ出て行く機会がますます増加すると思いますが、こうしたことを踏まえ、あなたは子どもたちにどのような力を身に付けさせることが大切だと思いますか。 |
| ④ | これからの子どもたちは将来外国へ出て行く機会がますます増加すると思いますが、こうしたことを踏まえ、あなたは子どもたちにどのような力を身に付けさせることが大切だと思いますか。 |
| | <昼食・休憩　12:00～13:00> |
| ⑤ | ロンドンオリンピックでは、ボランティアの活動が注目されていましたが、あなたは子どもたちに、ボランティア活動を通じてどのような力を身に付けさせたいと考えますか。 |
| ⑥ | ロンドンオリンピックでは、ボランティアの活動が注目されていましたが、あなたは子どもたちに、ボランティア活動を通じてどのような力を身に付けさせたいと考えますか。 |
| ⑦ | いじめの未然防止や早期発見のために、あなたはどのような取組を行うことが大切だと思いますか。 |
| | <休　　憩　14:30～14:45> |
| ⑧ | 環境に配慮し、自ら行動することができる子どもを育てるために、あなたはどのような取組を行うことが大切だと思いますか。 |
| ⑨ | 環境に配慮し、自ら行動することができる子どもを育てるために、あなたはどのような取組を行うことが大切だと思いますか。 |
| ⑩ | 携帯電話やスマートフォンが子どもたちにも普及し、情報の入手や発信が容易にできるようになっていますが、こうした状況を踏まえ、あなたはどのような取組をしていく必要があると思いますか。 |
| ⑪ | 携帯電話やスマートフォンが子どもたちにも普及し、情報の入手や発信が容易にできるようになっていますが、こうした状況を踏まえ、あなたはどのような取組をしていく必要があると思いますか。 |

3 予備問題

| | |
|---|---|
| 予備 | 子どもたちに命の大切さを実感させるために、あなたはどのような取組を行うことが大切だと思いますか。 |

2 問　題　（①～⑪はグループ番号を表す）

| | |
|---|---|
| ① | 学校が家庭や地域と連携することが大切だと言われていますが、あなたはこのことについてどのように考えますか。 |
| ② | 学校が家庭や地域と連携することが大切だと言われていますが、あなたはこのことについてどのように考えますか。 |
| ③ | 子どもたちのチャレンジ精神を高めていくために、あなたはどのような取組を行いたいと思いますか。 |
| ④ | 子どもたちのチャレンジ精神を高めていくために、あなたはどのような取組を行いたいと思いますか。 |
| | ＜昼食・休憩　12:00～13:00＞ |
| ⑤ | 今年7月に岡山県は「スポーツ立県おかやま」宣言を行いましたが、あなたはスポーツを通じて、子どもたちにどのような力を身に付けさせたいと思いますか。 |
| ⑥ | 今年7月に岡山県は「スポーツ立県おかやま」宣言を行いましたが、あなたはスポーツを通じて、子どもたちにどのような力を身に付けさせたいと思いますか。 |
| ⑦ | 子どもたちに将来就きたい仕事や夢について考えさせるために、あなたはどのような取組を行うことが大切だと思いますか |
| | ＜休　　憩　14:30～14:45＞ |
| ⑧ | 子どもたちに基礎学力を確実に身に付けさせるために、あなたはどのような取組が大切だと思いますか。 |
| ⑨ | 子どもたちに基礎学力を確実に身に付けさせるために、あなたはどのような取組が大切だと思いますか。 |
| ⑩ | 不登校の未然防止や早期発見をすすめるために、あなたはどのような取組を行うことが大切だと思いますか。 |
| ⑪ | 不登校の未然防止や早期発見をすすめるために、あなたはどのような取組を行うことが大切だと思いますか。 |

3 予備問題

| | |
|---|---|
| 予備 | 子どもたちの学習意欲を高めるために、あなたはどのような取組が効果的だと思いますか。 |

【評価の観点】

○発言の明確さ，的確さ

○使命感，意欲的態度

○誠実さ，社会性・協調性

◆実技試験(2次試験)

▼小学校全科

(体育)

【課題】

□器械運動，ボール運動

※バスケットボールはドリブル→シュート，跳び箱は6段で側転→
後転を行った。

▼中高家庭(食物)
【課題】
□机上に示す4種の食品を目測し，その概量を記入しなさい。(食品
には手を触れないこと)
□きゅうり1本を厚さ2mm以下の小口切りにしなさい。切ったもの
はすべて用紙の上に並べ，提出しなさい。
□調理台にある材料を使って，「だし巻き卵」を作り，番号札が正
面になるように美しく盛り付けなさい。また，使用した調味料
の分量を次の表に概量で記入しなさい。

▼中高家庭(被服)
【課題】
□布を用いて生活を豊かにするための工夫ができる物の製作を行い
たい。バンダナ1枚と机上の材料の中から必要な物を適宜使い，
見本(用途，デザイン，大きさは自由)を1つ製作しなさい。
・基礎縫いとして，なみ縫い，まつり縫い，半返し縫い，ミシン縫
い，ボタン付けの5種類は必ず用い，これ以外の縫い方も適宜用
いてもよい。
・また，次の欄に作品の名称，完成図を描き，それぞれの基礎縫い
がどこに用いられているか示しなさい。

▼中高音楽
【課題】
□全訳コールユーブンゲン(第1巻)NO.18〜35(原書番号)のうちから1
曲，NO.48〜59(原書番号)のうちから1曲，当日指定される。
□「荒城の月」「早春賦」「夏の思い出」「花」「浜辺の歌」のうち，
当日指定する1曲を弾き歌いする(各自で楽器を持参できる。移調

も可)。

※アルトリコーダーによる新曲視奏

▼中学保体

【課題】

□陸上競技，器械運動，球技，武道(柔道または剣道)，ダンス

▼高校保体

【課題】

□陸上競技，器械運動，球技，武道(柔道または剣道)，ダンス

▼美術

【課題1】(デッサン)

□机上にあるモチーフを，それぞれの特徴がよく表れるように配置し，構図を考え，画用紙に鉛筆デッサンせよ。

※使用するモチーフ…はさみ，金づち，トイレットペーパー，木の板

【課題2】(平面構成)

□ケント紙に縦12×横18(cm)の長方形を書き，次の課題をせよ。長方形の中心を境とし，左側に「激しい風」を，右側に「穏やかな風」というテーマで平面構成し，ポスターカラーでそれぞれ塗りなさい。ただし，裏面に制作のコンセプトを簡潔に記入すること。

## 2012年度

◆集団面接(1次試験)　面接官3人　受験者6人　30分

▼小学校全科

【課題】

□子どもたちが落ち着いた学校生活を送ることができるようにす

るために，あなたは，どのような取組が大切だと考えますか。

〜全体の流れ〜

- ・30分前に控室に入室，5分前にグループ毎に各々の教室の前に移動する。
- ・控室に入室している間に自分の受験番号を用意された紙にマジックで記入し，セロテープをつけておく。入室したら自分の机の前にその紙を貼る。
- ・面接官3人に向かって弧を描くように座る。課題は2回復唱される。
- ・課題に対して3分間考える時間が与えられ，1人ずつ挙手して1分間で発表。順番は関係ない。時間は厳守。
- ・その後は「自由討論してください」と言われるだけで，司会については言及されない。メモをとることは許されていない。

◆集団面接(1次試験)　面接官3人　受験者6人　30分

▼養護教諭

【課題】

□教職員として自らのモチベーションを維持するために，あなたは，どのようなことが大切だと考えますか。

- ・最初に課題が発表され，それについて構想3分，発表1分(メモは不可)
- ・3分後に挙手した人から順番に発表。
- ・6人の意見の発表が終わった後は「自由に討論してください」と指示があった。
- ・時間が来たら，討論がまとまっていなくとも終了。

277

◆個人面接(2次試験)　面接官不明　受験者1人　10分
　▼小学校全科(特別選考C／講師経験者)
　　【質問内容】
　　　□講師をしていて大変だったことはなにか。
　　　□授業中立ち歩いたり，ざわざわしている子どもにどんな対応を
　　　　したか。
　　　□4月にどんなクラスにしようと子どもたちに話したか。
　　　□2学期以降，どんなことに力を入れていきたいか。
　　　□採用は，市でも県でもどちらでも大丈夫か。
　　　□特別支援学校に配属の可能性もあるが大丈夫か。
　　　□出身が岡山ではないが，岡山県を受験したきっかけは。
　　　□中学校，高校で部活が違うが，変えたきっかけはなにかあるか。
　　　□ボランティアをしていた時に接した子どもたちと，教師として
　　　　今接している子どもたちの共通点はあるか。
　　　□小学校以外の免許を取得したことを，今どのように活かしてい
　　　　くか。
　　　□何年生の担任が大変だったか。
　　　□1学期大変だったことと，2学期からそれにどう対応していくか。
　　　□今の学校の規模は。何の担当をしているのか。
　　　□信頼関係を築くためにどんなことをしたか。
　　　□5年生は難しい年頃ですが，困ったことはあったか。
　　　□来年，何年生の担任をもちたいか。
　　　□高校・大学は何をしたか。
　　　□卒業論文の内容について。


◆個人面接(2次試験)　面接官2人　受験者1人　時間不明
　▼小学校全科
　　【質問内容】
　　　□志望動機は。

278

□クラスで仲間外れが起きていたらどうするか。
　→それに関連し，教師が対応しても仲間外れが続いたらどうするか。
□どんな学級にしたいか。
□保護者との信頼関係をどう築くか。
□担任して最初にあいさつをするとしたら，どんなあいさつをするか。学年は問わない。
□岡山県・岡山市合同で採用しているが，どちらにも赴任できるか。
□特別支援学校にも赴任できるか。


◆集団面接(2次試験)　面接官不明　受験者不明　30分
　▼小学校全科(特別選考C／講師経験者)
　【質問内容】
　　□自分の長所で教師に向いていると思う点は。
　　□自分の学級に発達障害の児童がいて，その児童に対して他の児童の保護者からクレームの電話がきた。どのように対応するか。
　　□集金を口座ではなく手渡しでするところがあると思うが，朝持って来ていた児童のお金がなくなった。どのように対応するか。
　　□集団をまとめる，または催し物を成功させるために最も大切だと思うことは何か。
　　□ストレスを発散するために，していることはあるか。
　【他受験者が訊かれていた質問】
　　□信頼される教師とは。
　　□人生の転機は。
　　□長所・短所とその具体例は。
　　□子どもの外遊びが減っていることについてどう思うか。
　　□子どもから学んだことは。
　　□自分のセールスポイントは。
　　□今の子どもについてどう思うか。

　　　□最も困難だったことは何か。
　　　□最も努力したことは何か。
　　　□落ち着いた学級経営をするには。
　　　□1年生の学校のきまりについてどう話をするか(子どもに言う感じで)。
　　　□最近気になったニュースは。
　　　□保護者からクレームがきたらどうするか(具体的な例を挙げて)。

◆集団面接(2次試験)　面接官6人　受験者5人　時間不明
　▼小学校全科
　【質問内容】
　　　□志望動機は。
　　　□大学時代にがんばったことは何か。
　　　□保護者との信頼関係を築くにはどうしたらいいか。
　　　□どのようにして健康に気をつけているか。
　　　※最初は番号の早い順，次は番号の遅い順，その後はランダムに当てられて答えていったが，1つの答えに対して次々に質問が来るので，付け焼刃の回答では対応できなくなる可能性がある。

◆口頭試問・模擬授業(2次試験)　面接官不明　受験者1人　あわせて30分
　▼小学校全科(特別選考C／講師経験者)
　　・模擬授業→口頭試問の流れだった

◆模擬授業
　【課題】
　　　□「あいさつや名前」1年生 国語(書写)
　　　□「冬の星の動き」4年生 理科

上記から1つ選び，3分間考え，6分間授業を行った。

・面接官が児童役となり，授業後には今の授業の工夫点や実際の授業でやるとしたら，どんなものを用意したいか，などの質問があった。

【他受験者の課題例】

□「かさ」2年生 算数

□「自動車工業」5年生 社会

▼口頭試問

□どんな学級にしようと心がけていたか。

□教育基本法にある「学力の3要素」とは。

→その中でも特に表現力が重視されていると思うが，表現力をつけるために何か実践をしているか。

□道徳の授業をおこなうときに，大切にしていることは何か。

□子どもに学習意欲をもたせるために，どんな実践をしているか。

→(導入時だけでなく)授業終わりまで意欲を維持させるために，どんな実践をしているか。

□指導と評価の一体化とは。

□学習規律を定着させるためにはどうするか。

□勤務時間後に職員でスポーツ大会をするとしたら，どんな準備をするか。

□「生きる力」とは何か。

□道徳教育推進教師になったら，どのように道徳教育を進めるか。

□保護者から宿題を増やしてほしいと要望があったらどうするか。

□障害を持った児童がクラスにいた場合，どのような配慮をするか。

□特別支援の児童のことを学校では誰に相談するか。

□やる気がおきない子どもに，どう対応するか。

□保護者との連携をどのようにとっていきたいか。

□1学期授業で気を付けた点は。また，改善点は。

※講師の経験から問われる質問が多く，「具体的には」「実際どんな実

践をしているか」などのような実践力をチェックされたイメージが
あった。


◆模擬授業(2次試験)　面接官2人　受験者1人　時間不明
　▼小学校全科(模擬授業)
　　〜全体の流れ〜
　　・適性試験の翌2日間にわたって実施。1日目は算数と社会，2日目
　　　は国語と理科の組み合わせの中から選んで導入部分のみ行った。
　　　(今年は午前と午後に分けて算数と社会，国語と理科を実施した
　　　という噂も聞かれた)
　　・自分は国語「スイミー」を選んだ。教科書2ページ分の拡大コピ
　　　ーが教卓の上に置かれ，3分間の構想時間が与えられる。試験官2
　　　人が児童役となって発言したり，こちらの問いかけに答えたりし
　　　た。


　▼口答試問
　　□今の模擬授業で工夫したところは。
　　□ポートフォリオ評価について。
　　□言語活動を充実させるためには，どうしたらいいか。
　　□道徳で体験活動をする際に配慮する事項は。
　　□赴任した学校で，あなた以外にも新採の先生がいて，その先生が
　　　学級経営で悩んでいた場合どうするか。
　　　→初任者研修で他の学校の先生に会うこともあるが，その先生に
　　　　相談することもあるか。
　　　→個人情報保護が強く言われているが，それでも相談するか。
　　□保護者との信頼関係をどう築くか。
　　※教卓の前に受験生が座るイスがあるので，着席して行う。答えた
　　　事項に関連して次々質問がくるので，集団面接と同じように生半
　　　可な知識では対応できない。どこかで聞いたことがあるような専

門用語を出してみただけでは見抜かれてしまうので，その用語を口頭で説明できるよう，教職教養をしっかり勉強する必要がある。

【その他集団討論課題】
　【米子会場／1日目】
　　□教員の仕事の成果は見えにくいと言われますが，あなたは，教員の仕事の成果はどのようなことだと考えますか。
　　□不登校児童生徒を生み出さないために，あなたは，どのような取組が大切だと考えますか。
　【米子会場／2日目】
　　□子どもたちが達成感や充実感を味わうことができる授業をするために，あなたは，どのような工夫が大切だと考えますか。
　　□子どもたちに家庭学習の習慣をつけるために，あなたは，どのような取組が効果的だと考えますか。
　　□幼稚園と小学校，中学校の連携を効果的に推進するために，あなたは，どのような取組が大切だと考えますか。
　【岡山会場／1日目】
　　□子どもたちの学習意欲を向上させるために，あなたは，どのような取組が大切だと考えますか。
　　□子どもたちの防災に対する意識を高めるために，あなたは，どのような取組が効果的だと考えますか。
　　□子どもたちから働くことの意義について聞かれたとき，あなたは，どのように答えるのが効果的だと考えますか。
　　□子どもたちに考え伝える力を育成するために，あなたは，どのような取組が大切だと考えますか。
　【岡山会場／2日目】
　　□主体的に取り組む子どもを育成するために，あなたは，どのような取組が効果的だと考えますか。
　　□子どもたちの社会性を育むために，あなたは，どのような取組が効果的だと考えますか。

　□子どもたちの心の健康を保つために，あなたは，どのような取
　　組が大切だと考えますか。
　□子どもたちから学ぶことの意義について聞かれたとき，あなた
　　は，どのように答えるのが効果的だと考えますか。
　□他の国々の文化や習慣を理解し，尊重することができる児童生
　　徒を育成するために，あなたは，どのような取組が効果的だと
　　考えますか。

◆実技(2次試験)

▼書道　120分

問一　①　次の漢字を，半切$\frac{1}{2}$に「木簡」で倣書せよ。
「月落烏啼風傳雁信」

②　次のかなを，指定された紙に「寸松庵色紙」で倣書せよ。
「まひがしになびきさだまれるあさ間やまのけぶりのすゑのゆき
のむら山」

問二　次の図版1を半切$\frac{1}{2}$に，図版2は指定された紙に臨書せよ。

図版1　　　　　　　　図版2

問三　次の演題を模造紙に体裁よく書け。ただし，紙は横長で，文字は横書きにすること。

> 演題
> 「空海の書における線質と俯仰法との関係について」
> 全日本書道教育研究会長　　服部敬一先生

問四　次の①漢字，②かなのいずれか一つを選び，半切に創作せよ。
① 漢字　「山林受用琴書鶴　　天地交遊風月吾」
② かな　「夕されば風吹きいでぬ四方の窓みなあけたれば天地涼し」

▼家庭科・被服

　机上の材料を使って，例にならって，次の1〜4の縫いしろのしまつ及び開きのしまつの部分縫い見本を作製しなさい。

　ただし，縫いしろの分量は，指示しているもの以外は適宜とること。

(例)　ロックミシン

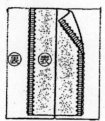

1　三つ折りぐけ
2　耳ぐけ
3　袋縫い
4　ファスナー開き(下図のように縫うこと。)

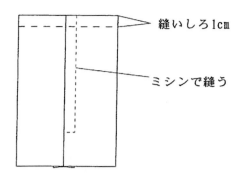

▼家庭科・食物

1 「蛇腹きゅうり」を作り，提出しなさい。(制限時間3分)

2 卵2個のうち，1個は固ゆで卵にし，ペティーナイフを用いて花切りにし，提出しなさい。

　もう1個は半熟のゆで卵にし，半分に切り，提出しなさい。

3 「牛乳かん」を2個作り，番号札が正面になるように，提出しなさい。

　なお，1個のみにひし形の切り込みを入れ，シロップをかけること。

　また，材料のうち，粉寒天は1gである。それ以外に，使用した材料の名称とその分量を下表に記入しなさい。

| 材　料 | 分　量 |
|---|---|
| 粉寒天 | 1 g |
|  |  |
|  |  |
|  |  |
|  |  |
|  |  |

| シロップ | |
|---|---|
| | |
| | |
| | |
| | |

▼美術

1　机上にあるモチーフを，それぞれの特徴がよく表れるように配置し，構図を考え，画用紙に鉛筆デッサンせよ。

　　使用するモチーフ　　紙袋，縄，板，ビー玉，布，松ぼっくり

2　ケント紙に10×24(cm)の矩形を書き，次の課題をせよ。

□矩形の中央を境とし，左側に「やわらかい感じ」，右側に「かたい感じ」というテーマで平面構成をし，ポスターカラーでそれぞれ塗りなさい。

▼美術

1　机上にあるモチーフを，それぞれの特徴がよく表れるように配置し，構図を考え，画用紙に鉛筆デッサンせよ。

　　使用するモチーフ　　紙袋，縄，板，ビー玉，布，松ぼっくり

2　ケント紙に10×24(cm)の矩形を書き，次の課題をせよ。

□矩形の中央を境とし，左側に「弱い感じ」，右側に「強い感じ」というテーマで平面構成をし，ポスターカラーでそれぞれ塗りなさい。

◆実技(2次試験)

▼小学校全科(特別選考C／講師経験者)

(体育)

□器械運動：跳び箱(児童用6段)を開脚跳び→側方倒立回転。

□水泳：25m(前半平泳ぎ→後半クロールの計25m)

(音楽)

【課題曲】

□「春がきた」

□「ふるさと」

□「ふじ山」

□「さくらさくら」

□「夕やけこやけ」

※上記の中から当日1曲を指定され，弾き歌いを行う。

▼小学校全科(一般選考)

(体育)

□器械運動：跳び箱(開脚飛び，跳び箱は縦置き)，側転。

□水泳：25m(水中からけのび，平泳ぎ，クロールの順で泳ぐ)

〜全体の流れ〜

・どちらも実施前に準備運動，練習(1回)がある。

・適性検査終了後，教室毎に3つの大グループに分かれ，時間差で実技試験の会場(中学校)に向かう。会場に着いたら教室で着替え，体育館で3つの小グループに分かれて実施する。1つの小グループは，体育館の前方から後方いっぱいに並ぶまでの人数だった。

・体育館シューズと教室で履く室内シューズの兼用はできないと体育館を出るときに言われたため，兼用していた受験生は再度着替えで教室に入るときは裸足にならざるをえなかった。トイレにスリッパがなかったため，室内シューズは必要である。

※水泳終了後は自由解散となるが，会場が住宅地にあるため，車

でのお迎えをお願いしている人は会場周辺に来てもらわず，離れたところで待ち合わせをするよう強く注意を受けた。岡山駅に行きたい受験生は，桜橋を歩いて渡って清輝橋に向い，ここから路面電車に乗るよう指示された。適性試験会場から実技試験会場まで，実技試験会場から清輝橋まで，どちらもかなり距離がある。荷物が多かったので大変だった。

(音楽)

〜全体の流れ〜

・事前に指定された曲1曲を弾き語りする。1つのグループは12名ほどだった。

・控室に一度集合し，事前に説明を受けた後3人ずつ実施教室の前で待機するようになる。・終わった受験生は控室に次の受験生を呼びに行って解散。

※グランドピアノで演奏するため，電子ピアノのみで練習していた方は弾いた感じの違いに戸惑うかもしれない。また，本番では緊張して普段の力を出し切れない可能性が大いにあるので(数人のピアノ経験者に話を聞いても本番前は手が震えたそう)，楽譜は完璧に覚えていった方がよいと思われる。


◆適性検査(2次試験)　90分程度

【検査名】

□質問紙法

※2回実施される。全校放送で質問を流し，「そう思う」「わからない」「そう思わない」の中からあてはまるものを1つ，マークシートに塗りつぶす。1回目は190問弱，2回目は140問弱ほど質問事項があった。

## 2011年度

◆集団面接(2次試験)　面接官5人(質問する面接官は3人)　受験者5人　25分

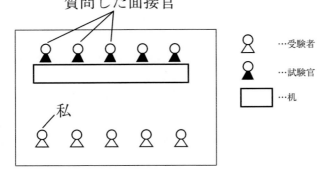

質問した面接官

…受験者

…試験官

…机

私

▼小学校全科

□あなたの長所と短所はなにか。

□今まで一番困難だったことはなにか。

□授業力を向上させるにはどのような工夫をすればよいか。

□保護者や子どものトラブルが起きたときの対応はどうするか。

※受験者は番号順に回答，挙手制で答える形式。

◆口答試問(2次試験)

▼小学校全科

□学力を向上させるにはどのような指導が必要か。

□道徳教育を特別活動でどのように行うか(具体的な例を挙げる)。

□学ぶことの意義とはなにか。

□いじめに対してどのように対応するか。

□保護者への対応はどうするか。

◆模擬授業(2次試験) 面接官2人 構想3分・実施6分

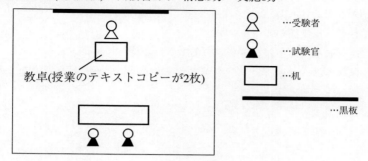

▼小学校全科

〈テーマ〉

3年生・算数「直角の図形」

6年生・社会「登呂遺跡と米作り」

※上記のどちらかを自分で選択する形式。

※導入の部分(6分間)のみを行い，授業後に工夫した点と改善したい点を聞かれた。

◆個人面接(2次試験) 面接官2人 10分

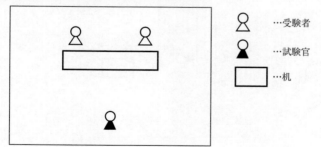

▼小学校全科

□いつから教員を志望するようになったか。

□特別支援学校でも働くことができるか。

□岡山市には併願していないが，それはなぜか。

□他県には併願していないか。

□担任になったら，どんな学級を作りたいか。

□女子のグループでトラブルができないようにするには，どんなこと
　に気をつけるか。

□民間で働いたことは，講師のときに役に立ったか。

□今回採用されなかった場合，今後はどうするのか。

◆適性検査(2次試験)

ANSWER SHEET①(190問)，同②(186問)　60分

◆実技試験(2次試験)

　▼小学校全科

　○音楽実技

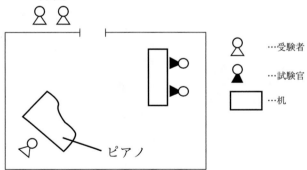

ピアノ弾き語り(課題曲6つのうち，1つを指定される)

□「われは海の子」

□「スキーの歌」

※前奏あり，1番のみで後奏はなし。控え室で課題の発表が行われる。「間違えても弾き直さない」など注意事項の事前説明がある。

○体育実技　準備運動各自で2分　練習1回　試技1回

□跳び箱・マット運動

・かかえこみ跳び＋後転

・跳び箱は小学校用5段

・ロイター板ではない普通の踏み切り台を用意。

□ボール運動・ハンドボール

・①後ろからボールが頭上を越えてワンバウンドした後，キャッチしてノーバウンドでパス→②投げられたボールをキャッチ→③8の字ドリブル→④ワンバウンドでパス

※受験者が多数いるので，手際よく動いた方がよい。


▼書道実技　(120分)

問1　次の①・②からどちらかを選択し，それぞれの指示に従って書け。

① 次の漢字を，「礼器碑」・「顔真家廟碑」の書風で，それぞれ半切$\frac{1}{2}$に倣書せよ。

「守分安命順時聴天」

② 次の俳句を，「関戸本古今集」・「香紙切」の書風で，それぞれ半紙に倣書せよ。

「かんこ鳥しなのの桜咲きにけり」(一茶)

問2　問1で，①を選択した場合は，次のアを，また，②を選択した場合は，次のイを選び，アは指定の紙に，イは半紙に臨書せよ。なお，アについては，原寸大で臨書すること。

ア　「はるがすみたたるやいづこみよしののよしののやまにゆきはふりつつ」

イ　「仙露明珠」

問3　次の文を，葉書に書け。

> 寒中お見舞い申し上げます。さすがに冷え込む今日この頃，皆様にはいかがお過ごしでしょうか。おかげさまで，私どもは元気に過ごしております。寒さはこれからが本番ですので，くれぐれもご自愛ください。

問4　次の詩を全紙 $\frac{1}{3}$ に，漢字かな交じり書で体裁よく書け。
　　「どこからともなく雲が出て来て秋の雲」　　山頭火

問5　次の①漢字及び②かなのいずれか一つを選び，半切に創作せよ。
　　①　漢字　忍而和齊家上策　勤与倹創業良図
　　②　かな　よの中をおもへばなべてちる花の我が身をさいてもいづちかもせん　西行法師

▼中高美術

1　机上にあるモチーフを，それぞれの特徴がよく表れるように配置し，構図を考え，画用紙に鉛筆デッサンせよ。
　〈使用するモチーフ〉
　　ペットボトル，スプーン，フォーク，ばれん，いもづち，ストロー，新聞紙，布

2　ケント紙に8×24(cm)の矩形を書き，次の課題をせよ。
　　矩形の中央を境とし，左側に「和」，右側に「洋」というテーマで平面構成をし，ポスターカ1ラーでそれぞれ塗りなさい。ただし，裏面に制作のコンセプトを簡潔に記入すること。

▼中高家庭〈被服〉

　生活を豊かにするための工夫ができる物として，ボックスティッシュカバーの製作を行おうと思う。机上の材料の中から必要なものを使い，見本(デザイン，大きさは自由)を1つ製作しなさい。基礎縫いとして，なみ縫い，まつり縫い，半返し縫い，ミシン縫い，ボタ

ン付けの5種類は必ず用い，これ以外の縫い方も適宜用いてもよい。また，縫い代のしまつも適宜行うこと。さらに，解答欄に完成図を描き，それぞれの基礎縫いがどこに用いられているか示すこと。

▼中高家庭〈調理〉

調理台にある材料を使って，「ムニエル」と「にんじんのグラッセ」を作り，ラディッシュとともに皿に盛り付けなさい。なお，にんじんはシャトー切りにし，ラディッシュは飾り切りをすること。

また，使用した調味料の分量を次の表に概量で記入しなさい。

| | 調　味　料 | 概　　　　量 | |
|---|---|---|---|
| | | ムニエル | にんじんのグラッセ |
| 記入例→ | みりん | 小さじ$\frac{1}{2}$ | |
| | さ　と　う | | |
| | 塩 | | |
| | こしょう | | |
| | バター | | |
| | 油 | | |
| | 小麦粉 | | |
| | 酒 | | |

## 2010年度

◆集団討論 (1次試験)

面接官3人　受験者6人　30分 (構想3分，発表1分，自由討論)

テーマ例「学校生活全般を通じて，子どもたちにどのような能力を身

に付けさせたいと思いますか」

◆集団面接 (2次試験)　面接官3人　受験者5人　30〜35分

◆個人面接 (2次試験)　面接官2人　15分

◆模擬授業＋口頭試問 (2次試験)
　面接官2人　20〜25分 (模擬授業6〜10分，構想は別に2〜3分，口頭試問10分)　※すべて1分で回答
　　▼養護教諭
　　　場面指導

　　▼特別支援
　　　特別支援教育に関する口頭試問

◆自己PR　集団面接の中で実施　1分

### 2009年度

◆集団討論(1次試験)　面接官3人　受験者6人　30分(構想3分，発表1分，自由討論)

◆集団面接(2次試験)　面接官5人　受験者5人　35分

◆個人面接(2次試験)　面接官2人　15分

◆模擬授業＋口頭試問(2次試験)　面接官2人　20～25分(模擬授業4分，構想は別に2分，口頭試問15分　※すべて1分で回答)

◆自己PR(2次試験)　集団面接の中で実施　1分

## 2008年度

◆個人面接
【2次/中学校/英語】(面接官2名　時間：15分)
・大学ではどんなことを専門に学んでいるか。
―この内容に関して―
　・実際にもし，ブラジルや中国系の移民の人に日本語を教えるとしたら，ポイントは何か。
　・私(面接官)を今日初めてブラジルからきた生徒だと思って，日本での生活について簡単な英語で教えて下さい。
　・外国人を見かけても遠慮して話しかけられない日本人を，改善するために，どんな英語教育が必要か。
・自分の強みをアピールしてください。
・大学生活で最も楽しかったことは。
・運動はあまり好きじゃないですか。球技はできますか。
・いろんな部を担当することになりますが，大丈夫ですか。
・県北など，へき地の勤務，一人暮しになっても大丈夫ですか。
・特別支援学校への勤務も大丈夫ですか。
・今回受からなかったら，どうしますか。
・10年後，どんな教師に自分はなると思うか。

・英検はいつ取得したか。経験的にそのための勉強をしてきたのか。


◆集団面接

【2次/中学校/英語】(面接官5名　時間：35分)

・教師になろうと思った理由を3つあげて下さい。(全員回答)

・英語は中学校でも高校でも教えることができるが，なぜ中学校を選んだのか。

―― 一人ずつの経験に沿って――

　・お母さんが先生といっていたが，教師の辛さや難しさはどんな所だと聞いたか。

　・あなたは，大学生活や，中高，部などでどんな人間関係が辛かったか。

　・教師になってぶつかるそういった壁を乗り越えられるか。

※その他，以前勤めていた一般企業でのこと，部活のこと，バイトのこと，今講師をしている際のこと，などについて。


◆摸擬授業

【2次/中学校/英語】

・2分構想，4分発表。

・3枚の裏向きのカードから一枚を選ぶ。

―内容―

・I was reading a book then.

・Soccer is played by many people.

・I want to be a doctor.

※構想後，引いたカードの例文の文法を，その使用場面がわかりやすいように導入する。

―発表後，質問―

・忘れ物が多い生徒に対して，どう指導するか。

・授業中に携帯電話でメールをしている生徒に対して，どう指導するか。

◆実技試験

【2次/中学校/英語】(面接官2名　時間：15分)

※口頭試験。全て英語で答える。

・中学校の英語の教員になろうと思った理由は。

・ALTがうまく生徒とコミュニケーションできずにいたら，どうアドバイスしますか。

・ティームティーチングを成功させる方法を3つ挙げよ。

・はずかしがりやな生徒に対して，どのような対応をするか。

・あなたが教師として身につけていきたいスキルは。

・あなたの大学生時代，最も印象的だった経験と，そこから学んだことは。

・あなたの親友を一人選び，その人について紹介してください。

・あなたの強みは。

【2次/中学校・高校/家庭(被服)】

・机上の材料の中から必要な物を使い，基礎縫い(手縫い，ミシン縫い)の練習教材として，文庫本用のブックカバー(デザイン，大きさは自由)の見本を1つ製作しなさい。

　基礎縫いとして，なみ縫い，まつり縫い，半返し縫い，ミシン縫い，ボタン付けの5種類は必ず用い，これ以外の縫い方も適宜用いてもよい。

【2次/中学校・高校/家庭(食物)】

1　きゅうり1本を下処理した後，その素材を生かして，できるだけ多くの切り方見本を作りなさい。

　切ったものは，トレーの上に並べ，その切り方の名称を付箋紙に記

入し，分かるように貼り付けなさい。

2 台の上にある材料を使って，「カスタードプディング」を2個作りなさい。番号札が正面になるように皿に盛り付けなさい。

また，使用した材料の名称とその分量，概量を次の表に記入しなさい。

| 材　料 | 分　量 |
|---|---|
| 卵 | ５０ｇ（１個） |
| | |
| | |
| | |
| | |
| | |
| カラメルソース | |
| | |
| | |
| | |

3 台の上にある米100gを炊飯し，出来上がりが100g程度のおにぎり1個を作りなさい。おにぎりは，適当な塩味を付けること。

残った米飯は茶碗に盛り付けなさい。

なお，米はすでに洗って，30分以上150mlの水に漬けている。

【2次/中学校・高校/美術】

1 机上にあるモチーフを，それぞれの特徴がよく表れるように配置し，構図を考え，画用紙にデッサンせよ。

〈使用するモチーフ〉

ローラー，カッターナイフ，ビニール袋，紙袋，新聞紙

2 ケント紙に12×18(cm)の矩形を書き，次の課題をせよ。

―課題―

矩形のなかに，「ネットワーク」というテーマで平面構成をし，ポスターカラーで塗りなさい。デザインのコンセプトを裏面に簡潔に記入すること。

## 2006年度

◆個人面接／2次／養護

(面接官2名，時間20分)

○養護教諭を目指した理由。

○どのような保健室にしたいか。

○養護教諭になってしてみたいこと。

○学校保健委員会について，どのようなものだと考えますか。また，養護教諭としてどのように関わっていきますか。

○開かれた保健室にしたいといいましたが，さぼるために保健室に生徒がたまっています。他の先生方が，それなら保健室を閉鎖した方が良いのではないか，と言ってきました。どうしますか。

○発達障害の子を支援する為の法律は何という法律か。法律を答えて下さい。

○状況設定での質問

①小学校1年生で入学したばかりの子が，授業中保健室に来ました。その子を見ていると，多動で落ち着きがなく，どうやら発達障害があるようです。どの様に対応しますか。

・その保護者が発達障害について認識していないようで，そのような時，どうしますか。(養護教諭は医療機関でへの受診を必要と判断している場合)

・その場合の専門機関として，どのような所に相談しますか。

②中学生の男の子が鼻血を出して保健室に来ました。その子は首を押えながら来たようです。その子への対応をしてみてください。

③中学生の男子が「体が最近かたいんやけど，どうしたらええ？」
と来ました。対応してみてください。


◆個人面接／2次／養護

(面接官2名，時間10分)

○勤務地の希望はありますか。

○養護教諭は，小・中・高・養護学校のどこになるか分からないが，
希望はどれですか。

○もし今回不合格になったらどうしますか。

○去年も岡山県を受験していますか。

○看護士免許をお持ちのようですが，応急手当には自信がありますか。

○実家は兵庫のようですが，なぜ岡山を受けましたか。

○岡山にくることに対し，両親は近くで就職してほしいと思っていま
せんか。また，来るかもしれないことに対し，両親はどのような話
をしていますか。

○どのような保健室にしたいですか。

○養護教諭を目指した理由。

○保健室は成績等を評価しないので，実際に，学校以外の事やいろん
な相談をしている様です。もし，誰にも言わないことを条件に相談
を受けました。しかし，その内容は担任に報告した方が良いような
内容でした。どうしますか。

○「もし，担任に言ったら先生のことを嫌いになる。もう話はしない」
と言われたら，どうしますか。


◆集団面接／校種不明

※最初に問題を言います。その問題について，3分程度で考えをまと
めてください。その後，一人一人に1分程度で，時間を厳守して考
えを述べてもらいます。次に，その問題について話し合いをしてく

ださい。十分な時間がないので，要領よく話してください。(考える時間…3分程度)

〔1日目〕

○教職員間のコミュニケーションや協力体制をとっていくためには，どのような工夫をすればよいと思いますか。

○学校における児童生徒の個人情報を保護しながら活用するためには，どのようなことに留意すればよいと思いますか。

○児童生徒が引き起こす事件が問題になっていますが，児童生徒の心の変化をどうとらえ，どう対応すればよいと思いますか。

○あなた自身の叱られた体験を踏まえると，児童生徒を叱るときにはどのような配慮が必要だと思いますか。

○児童生徒にけじめのある生活習慣を身につけさせるために，学校でできる取組としてはどのようなことがあると思いますか。

○「教育は人なり」と言われますが，このことについてどう思いますか。

〔2日目〕

○子どもの体力向上のためには，どのようなことが大切だと思いますか。

○小・中学校の通学区域を弾力化し，学校選択の自由を認めることについてどう思いますか。

○中・高校生の進路学習の一環として職場体験が行われていますが，このことについてどう思いますか。

○小学校において英語教育を進めていくことについてどう思いますか。

○教育において地方分権を進めることについてどう思いますか。

○児童生徒の学習意欲を高めるためには，どのようなことが大切だと思いますか。

◆集団面接／2次／養護

(面接官5名，受験者5名，時間30分)

○学生時代の思い出について手短に話して下さい。

○最近の気になる新聞記事。

○不登校児童への対応で，今までの学生生活でクラスにいたらどのような関わりをしたか。また，今後養護教諭としてどのように関わろうと思っているか。

○養護教諭を目指そうと思った理由。

○今までに思い出に残ってる先生について。

※ランダムに当てられました。


◆集団討論／1次／養護

(面接官3名，受験者6名，時間30分)

テーマ： 「小学校における英語教育についてどう思うか。」

「個人情報保護法について」

「中高生のインターンシップ体験について」

※テーマが1つ発表されるて，考える時間1分間。挙手制。


◆集団討論／1次／小学校

(面接官3名，受験者6名，時間30分)

テーマ： 「児童・生徒に意欲を持たせるために，どうするか」

※3分間で自分の考えをまとめ，その後1人ずつ挙手をして発表する。その後は，自由に討論する。

## 2005年度

◆集団面接／1次

〇学校での空き教室の利用についてどのように工夫したらよいとあなたは思いますか

〇児童生徒に命の大切さを教える時，どのような工夫をすればよいとあなたは思いますか

〇児童生徒が休日を有意義に過ごせるようにするために，どのような工夫をすれば良いとあなたは思いますか

◆集団討論(面接官3人，受験生5人，時間30分)

〇テーマ・「命の大切さ」を児童生徒に教える時，どのような工夫をしますか

＊3分間で自分の意見をまとめて，1分で発表する。一通り意見を言い終えたら，自由に討論する

## 2004年度

◆集団討論／1次

〈実施方法〉

受験者6名，面接官3名，約35分間

1次は集団討論のみ。要項には集団面接とあるが，実際の内容は集団討論であった。

自己紹介→問題提示(インターネットの子どもたちの活用についてどう思うか？)→考えをまとめる(3分間)→発表(一人1分挙手)→残り時間で自由に話し合い(フリートーク形式)

◆集団討論／1次

〈実施方法〉

受験者5名，面接官3名，約35分間

面接の日時等は筆記試験の時に発表される。

テーマ「全校内喫煙禁止について」

テーマについて3分間考えた後，1人ずつ1分以内で述べる。(挙手)

全員述べた後，討論。司会は決めない。メモは取れない。

他のグループのテーマ「開かれた学校づくりについて」


◆集団討論／1次

〈実施方法〉

受験者5名，面接官3名，約35分間

控え室で待機中名札を作り，面接時に机の前に貼る。机付きで35分間。

テーマを試験官が2回繰り返した後，3分間で各自意見をまとめ，挙手
制で1分以内で発言。その後自由に受験者だけで討論する。


◆集団討論／1次

〈実施方法〉

受験者5名，面接官3名，約30分間

「少年犯罪」についてどう指導していくのかを1人ずつ答えさせてから，
司会を置かずに討論を行った。

＊1人ずつ名札をつけている→試験会場で自分達でつくった。


◆集団討論／1次／中学校理科

〈実施方法〉

受験者7名，面接官3名，約30分間

〈質問内容〉

○少年犯罪が最近増えてきていますがあなたは子どもにどう教えていきますか。具体的に述べて下さい。

まずは，自分の意見を言ってそれから討論を始めました。司会者はたてておりません。

◆集団面接／1次／小全

〈実施方法〉

受験者6名，面接官3名，約40〜50分間

○まず3分間で，「豊かなコミュニケーション能力を育むために，どのように取り組むか」を各自考え，順に1分で話す。

○次に，自由に話していく(討論型でした)。

受験者が問題提起したり，付け加えたり，他人の意見について意見をいう。2人の面接官はだまってずっと見て，1人の面接官が挙手した人をあててくれます。

◆高校数学／2次

口頭試験

〈実施方法〉

受験者1名，面接官2名，約25分間

30分前までには試験会場に到着し，5分前に面接室の前に待機。

入室→荷物を置き，いすの横につく→受験番号・氏名を言う→着席

質問○今日はどうやって会場まで来ましたか？

・どのくらい前に，会場に到着しましたか？

○「総合的な学習の時間」はどのような時間か？

・「総合的な学習の時間」は実際，学校でどのようなことをやっていると思いますか？

・あなたがもし「総合的な学習の時間」を運営することになったらどのようなことをするつもりですか？

・「生きる力」とはどういう力ですか？

○卒業研究は何をされていますか？

・そのあなたの研究されていることを，実際の授業などでどのように生かしていこうと思っていますか？

模擬授業

裏面に数学の問題が書かれている10枚のカードの中から一枚選び，それをもとに実際に生徒がいると思って授業をして下さい。ただし，面接官は生徒ではありません。

(私のひいた問題は，図形と方程式の軌跡の問題でした。他の人から聞いた話によると，正弦定理の証明，余弦定理の証明，相加・相乗平均の証明などのカードを引いた人もいたそうです。)

時間がきたら，授業を途中で中断させられ，その場で，いくつか質問される。

質問

○数学が苦手な生徒が「中点」の意味がわからないと言ってきたらどのように説明しますか？

○(自分の引いたカードの裏面に書いてある)この問題を用いて「生きる力」をどのようなところでつけさせることができると思いますか？

着席した後，さらに質問。

質問○ある生徒がいじめられていることが発覚しました。どのように対応していきますか？

○教師に必要な資質は何だと思いますか？

面接終了→退室


◆集団面接

〈実施方法〉

受験者6名，面接官5名，約30分間

30分前には試験会場に到着し，5分前までに受験室前のいすで待機→受験票の確認→入室→受験番号・氏名を受験番号の若い順に言う→着

席

質問の回答順は，左から順に答えた後は，次は右から順に，というように質問が変わるごとに反対側から。

〈質問内容〉

○あなたの心に残っている教師はどんな先生でしたか？

・その先生とは年賀状のやりとりをまだしていますか？

○私(質問をしている面接官)を生徒だと思ってください。私は，数学が嫌いで数学を勉強する意味がわかりません。説得して下さい。

（「ああ言えば，こう言う」状態で細かいところまで突っ込まれました。）

○あなたのストレス解消法を教えてください。

○数学の先生になりたい人が多いようですが，それはどうしてだと思いますか，自分の考えでよいので述べてください。

○最近，「開かれた学校」という言葉をよく聞きますが，もし自分の指導や授業を見学してもらう時，どういう所を見てもらいたいですか？　自分の専門教科の授業とそれ以外の指導という二点から答えてください。

受験票返却→退室。


◆個人面接

〈実施方法〉

受験者1名，面接官2名，約10分間

30分前までには試験会場に到着し，5分前に面接室前のいすで待機。

受験票確認→入室→いすの横につく→受験番号・氏名を言う→着席

〈質問内容〉

○大学では何を研究しているか？

○部活動について，自分のやっている競技に自信はあるか？

○高校数学の免許しか取得していないが，中学校の免許は取れなかったのか？

○計算機操作が得意と書いてあるが，「情報」の免許は大学で取れな
　かったのか？　また，採用された場合，取得する気はあるか？
○高校時代，自宅から高校への通学はどのくらい時間がかかりました
　か？
○岡山県には南部のような街中や，北部のような農村部にも高校があ
　りますが，どのような所でも勤務できますか？　希望の勤務地はあ
　りますか？
○あなたは，進学高校入学，大学進学と順調にここまでできていますが，
　そうでない職業高校などへの勤務はできますか？
○生徒と接していく上で何が一番重要だと思いますか？
○生徒との信頼関係はどう築いていくつもりですか？
○もしも不合格となった場合にはどうしますか？
○教師になって何かやってみたいことはありますか？
受験票返却→退室


◆集団面接／2次／小全
〈実施方法〉
受験者6名，面接官5名(内民間人1名？)，約30分間
4問(試験官5名のうち4名が1問ずつ質問)
〈質問内容〉
○教育実習または講師経験の中で，印象に残った子どもの話をしてく
　ださい。
○自分は学校でどのように役立ちたいと考えますか。
○小・中学校時代のいちばんの思い出を教えてください。
○青少年の犯罪が多発する傾向にありますが，このことについてどう
　考えますか。
○将来，あなたは校長になりたいと思いますか。
○学級崩壊を未然に防ぐ方法にはどんなものがありますか。
○男女雇用機会均等法により，職場に男女差がなくなりつつあります

が，あなたにとって働きやすい職場とはどんなものですか。

○思いやりや人間性を高めるために，あなたはどんな努力をしていますか。

○みなさん，部活動の経験がおありの様ですが，部活動での思い出を教えてください。


◆個人面接

〈実施方法〉

受験者1名，面接官2名，約10分間

一人が履歴書を見ながら，経歴について事務的な質問をする。

その後もう一人が個人の考えに触れるような質問をする。

〈質問内容〉

○他県の教員採用試験を受験されましたか。

○勤務地は離島や山間部などの，いわゆるへき地になってもかまいませんか。

○岡山県は養護学校でも働いていただくようになりますが，それでもいいですか。

○現在講師としてお勤めの○○○小学校では，具体的にどのようなお仕事をされていますか。

○大学を卒業されてから，一年ほど△△△社にお勤めですが，どのような理由でお勤めになったのですか。また，どのようなお仕事をされていましたか。

○今まで数回受験されて，今回初めて一次試験を通過されたということですが，その勝因はなんだと思いますか。

○卒業論文の内容について，おおまかに説明してください。

○最近はさまざまなご意見をお持ちの保護者がおられますが，あなたがもし保護者と意見が食い違い，クレームをつけられるようなことがあった場合，あなたならどう対応しますか。

◆口頭試問

〈実施方法〉

受験者1名，面接官2名，約30分間(内5分間は模擬授業)

○模擬授業の材料として，同一教科で2種類の単元(学年が違う)が用意されている。(教科書の見開き1ページをコピーしたもの)

○どちらか一つを選択し，5分間で構想，5分間の模擬授業を行なう。

○わずかであるが学習教材，資料などが用意されている。

○試験官が児童役をしてくれるので，自由に発問・指名してよいが，指名された試験官はわざと間違った解答をするので要注意。

○本年度の模擬授業の教科は，理科と社会科であった。(昨年度は国語科と算数科)

○理科(第3学年　磁石or第6学年　人や動物の体)

○社会科(第5学年　我が国の国土の様子or第6学年　奈良の大仏はどうしてできたの)

〈質問内容〉

○さきほどの授業で配慮した点を教えてください。

○この後，どのような流れで授業を構想していたか教えてください。

○さきほどは社会科の授業をしていただきましたが，今までに社会科を指導したことはありますか。

○あなたの好きな教科または得意な教科は何ですか。

○あなたのクラスに，学習に遅れがちな子どもがいるとします。あなたはどのように対処しますか。

○長崎市の事件のような青少年犯罪について，あなたの思うことを教えてください。


◆実技

☆体育

○とび箱：7段(ロイター板使用)開脚跳び

○マット運動：側方倒立回転(側転)のみ

○鉄棒：逆上がり→前方支持回転→踏み越し降りの連続技
○ボール運動(バスケットボール)：
　①バスケットゴールのバックボードにボールを当て，リバウンドを
　　ジャンピングキャッチ。
　②フェイント
　③8の字ドリブル
　④ドリブルシュート
この4つを一連の流れで行なう。
○水泳(25m)：けのび→クロール(約半分)→平泳ぎ(約半分)
☆音楽(ピアノ弾き歌い)
→1人ずつ入室，試験官2人。
○曲目の発表は試験開始10分前。
○楽譜は持ち込み可(万が一忘れても備え付けあり)。
○本年度の課題は『おぼろ月夜』(前奏つきで1番のみ)。
☆パソコン
○Word，Excel，一太郎を使用。(どれを使ってもよい)
○机上に用意された課題文書と同じ文書を作成する。
○入力作業は15分。
○試験官の指示で，15分間で作成した文書を一斉にプリントアウト。
○プリントアウトしたものを提出して終了。
〈課題文書の概要〉
　文章…子ども人口の統計に関する文章200～250文字程度(？)
　表…子ども人口の統計表。表は虫食いで，抜けている箇所の数値を
　　求める。たし算，ひき算，パーセンテージを求める問題。
　※Excelを使用した方が計算は速いと思われるが，コンピュータ内の
　アクセサリー電卓を使用してもよい。


◆適性検査
　クレペリン検査，Y－G検査

## 2003年度

◆集団面接・集団討論

地域統合について考えを述べよ

・コミュニケーションに電子メールが使われているがどう思うか。(養
護　30〜35分　面接官3人)

〈テーマ〉

・「伝統文化が減少しつつある」という意見がありますが，あなたは
どう思いますか。

・「1970年代後半からコンビニエンスストア」がかなりの勢いで増え
てきましたが，それについてあなたの考えを述べてください。

・「最近市町村合併が増加」しています。これについてどう思います
か。

・「地球温暖化について自分ができること」とは何か。

・「失業率の増加についてあなたの考え」を述べてください。

# 第 3 部

# 面接試験対策

# 面接試験の概略

■■ **面接試験で何を評価するか**————————

　近年，「人物重視」を掲げた教員採用候補者選考試験において，最も重視されているのが「面接試験」である。このことは，我が国の教育の在り方として，アクティブラーニングの実施，カリキュラム・マネジメントの確立，社会に開かれた教育課程の実現等，次々と新しい試みが始まっているため，学校教育の場においては，新しい人材を求めているからである。

　ところが，一方で，現在，学校教育においては，様々な課題を抱えていることも事実であり，その例として，いじめ，不登校，校内暴力，無気力，高校中退，薬物乱用などがあり，その対応としても，多くの人々による意見もあり，文部科学省をはじめとする教育行政機関や民間機関としてもフリースクールなどで対応しているが，的確な解決策とはなっていない状況にある。このことに関して，その根底には，家庭や地域の教育力の低下，人間関係の希薄化，子供の早熟化傾向，過度の学歴社会及び教員の力量低下等，正に，様々な要因が指摘されている。したがって，これらの問題は，学校のみならず，家庭を含めた地域社会全体で，対応しなければならない課題でもある。

　しかし，何といっても学校教育の場においては，教員一人一人の力量が期待され，現実に，ある程度までのことは，個々の教員の努力で解決できた例もあるのである。したがって，当面する課題に適切に対応でき，諸課題を解決しようとの情熱や能力が不可欠であり，それらは知識のみの試験では判断できかねるので，面接によることが重視されているのである。

①人物の総合的な評価

　　面接試験の主たるねらいは，質問に対する応答の態度や表情及び言葉遣いなどから，教員としての適性を判定するとともに，応答の

内容から受験者に関する情報を得ようとすることにある。これは総合的な人物評価といわれている。

そのねらいを十分にわきまえることは当然として，次にあげることについても自覚しておくことが大切である。

○明確な意思表示

○予想される質問への対応

○自らの生活信条の明確化

○学習指導要領の理解

○明確な用語での表現

②応答の基本

面接試験では，面接官の質問に応答するが，その応答に際して，心得ておくべきことがある。よく技巧を凝らすことに腐心する受験者もいるようであるが，かえって，紋切り型になったり，理屈っぽくなったりして，面接官にはよい心象を与えないものである。そこで，このようなことを避けるため，少なくとも，次のことは意識しておくとよい。

○自分そのものの表現

これまで学習してきたことを，要領よく，しかも的確さを意識し過ぎ，理詰めで完全な答えを発しようとするよりも，学習や体験で得られた認識を，教職経験者は，経験者らしく，学生は，学生らしく，さっぱりと表現することをすすめる。このことは，応答内容の適切さということのみならず，教員としての適性に関しても，面接官によい印象を与えるものである。

○誠心誠意の発声

当然のことであるが，面接官と受験者とでは，その年齢差は大変に大きく，しかも，面接官の経歴も教職であるため，その経験の差は，正に雲泥の差といえるものである。したがって，無理して，大人びた態度や分別があることを強調するような態度をとることは好まれず，むしろ謙虚で，しかも若々しく，ひたむきに自らの人生を確かなものにしようとする態度での応答が，好感を持

たれるものである。

### ③性格や性向の判別

　組織の一員としての教員は，それぞれの生き方に共通性が必要であり，しかも情緒が安定していなければならない。そのため，性格的にも片寄っていたり，物事にとらわれ過ぎたり，さらには，協調性がなかったり，自己顕示欲が強すぎたりする人物は敬遠されるものである。そこで，面接官は，このことに非常に気を遣い，より的確に査定しようとしているものなのである。

　そのため，友人関係，人生観，実際の生き方，社会の見方，さらには自らに最も影響を与えた家庭教育の状況などに言及した発問もあるはずであるが，この生育歴を知ろうとすることは，受験者をよりよく理解したいためと受け取ることである。

### ④動機・意欲等の確認

　教員採用候補者選考を受験しているのであるから，受験者は，当然，教職への情熱を有していると思われる。しかし，面接官は，そのことをあえて問うので，それだけに，意志を強固にしておくことである。

　○認識の的確さ

　　教員という職に就こうとする意志の強さを口先だけではなく，次のようなことで確認しようとしているのである。

　　ア　教員の仕事をよく理解している。

　　イ　公務員としての服務規程を的確に把握している。

　　ウ　立派な教員像をしっかり捉えている。

　　少なくとも上の3つは，自問自答しておくことであり，法的根拠が必要なものもあるため，条文を確認しておくことである。

　○決意の表明

　　教員になろうとの固い決意の表明である。したがって単に就職の機会があったとか，教員に対する憧れのみというのは問題外であり，教員としての重責を全うすることに対する情熱を，心の底から表現することである。

　以上が，面接試験の最も基本的な目的であり，面接官はこれにそ
ってさまざまな問題を用意することになるが，さらに次の諸点にも，
面接官の観察の目が光っていることを忘れてはならない。

⑤質疑応答によって知識教養の程度を知る

　筆記試験によって，すでに一応の知識教養は確認してあるわけだ
が，面接試験においてはさらに付加質問を次々と行うことができ，
その応答過程と内容から，受験者の知識教養の程度をより正確に判
断しようとする。

⑥言語能力や頭脳の回転の早さの観察

　言語による応答のなかで，相手方の意思の理解，自分の意思の伝
達のスピードと要領のよさなど，受験者の頭脳の回転の早さや言語
表現の諸能力を観察する。

⑦思想・人生観などを知る

　これも論文・作文試験等によって知ることは可能だが，面接試験
によりさらに詳しく聞いていくことができる。

⑧協調性・指導性などの社会的性格を知る

　前述した面接試験の種類のうち，グループ・ディスカッションな
どはこれを知るために考え出されたもので，特に多数の児童・生徒
を指導する教師という職業の場合，これらの資質を知ることは面接
試験の大きな目的の1つとなる。


■■■ **直前の準備対策**────────

　以上からわかるように，面接試験はその人物そのものをあらゆる方
向から評価判定しようとするものである。例えば，ある質問に対して
答えられなかった場合，筆記試験では当然ゼロの評価となるが，面接
試験では，勉強不足を素直に認め今後努力する姿勢をみせれば，ある
程度の評価も得られる。だが，このような応答の姿勢も単なるポーズ
であれば，すぐに面接官に見破られてしまうし，かえってマイナスの
評価ともなる。したがって，面接試験の準備については，筆記試験の
ように参考書を基礎にして短時間に修練というふうにはいかない。日

頃から，

> (1) 対話の技術・面接の技術を身につけること
> (2) 敬語の使い方・国語の常識を身につけること
> (3) 一般常識を身につけて人格を磨き上げること

が肝要だ。しかし，これらは一朝一夕では身につくものではないから，面接の際のチェックポイントだけ挙げておきたい。

## (1) 対話の技術・面接の技術

○対話の技術

①言うべきことを整理し，順序だてて述べる。

②自分の言っていることを卑下せず，自信に満ちた言い方をする。

③言葉に抑揚をつけ，活気に満ちた言い方をする。

④言葉の語尾まではっきり言う練習をする。

⑤短い話，長い話を言い分けられるようにする。

○面接技術

①緊張して固くなりすぎない。

②相手の顔色をうかがったり，おどおどと視線をそらさない。

③相手の話の真意をとり違えない。

④相手の話を途中でさえぎらない。

⑤姿勢を正しくし，礼儀を守る。

## (2) 敬語の使い方・国語常識の習得

○敬語の使い方

①自分を指す言葉は「わたくし」を標準にし，「僕・俺・自分」など学生同士が通常用いる一人称は用いない。

②身内の者を指す場合は敬称を用いない。

③第三者に対しては「さん」を用い，「様・氏」という言い方はしない。

④「お」や「ご」の使い方に注意する。

○国語常識の習得

①慣用語句の正しい用法。

320

②教育関係においてよく使用される言葉の習得

さて本題に入ろう。面接試験1カ月前程度を想定して述べれば，その主要な準備は次のようなことである。

○直前の準備

①受験都道府県の現状の研究

　　受験する都道府県の教育界の現状は言うに及ばず，政治・経済面についても研究しておきたい。その都道府県の教育方針や目標，進学率，入試体制，また学校数の増加減少に関わる過疎化の問題等，教育関係刊行物や新聞の地域面などによく目を通し，教育委員会に在職する人やすでに教職についている先生・知人の話をよく聞いて，十分に知識を得ておくことが望ましい。

②教育上の諸問題に関する知識・データの整理

　　面接試験において，この分野からの質問が多くなされることは周知の事実である。したがって直前には再度，最近話題になった教育上の諸問題についての基礎知識や資料を整理・分析して，質問にしっかりとした応答ができるようにしておかなければならない。

③時事常識の習得と整理

　　面接試験における時事常識に関する質問は，面接日前2カ月間ぐらいのできごとが中心となることが多い。したがって，この間の新聞・雑誌は精読し，時事問題についての常識的な知識をよく修得し整理しておくことが，大切な準備の1つといえよう。

○応答のマナー

　　面接試験における動作は歩行と着席にすぎないのだから，注意点はそれほど多いわけではない。要は，きちんとした姿勢を持続し，日常の動作に現れるくせを極力出さないようにすることである。最後に面接試験における応答態度の注意点をまとめておこう。

①歩くときは，背すじをまっすぐ伸ばしあごを引く。かかとを引きずったり，背中を丸めて歩かないこと。

②椅子に座るときは深めに腰かけ，背もたれに寄りかかったりしない。女子は両ひざをきちんと合わせ，手を組んでひざの上に乗せる。男子もひざを開けすぎると傲慢な印象を与えるので，窮屈さを感じさせない程度にひざを閉じ，手を軽く握ってひざの上に乗せる。もちろん，背すじを伸ばし，あごを出さないようにする。

③上目づかいや横目，流し目などは慎しみ，視線を一定させる。きょろきょろしたり相手をにらみつけるようにするのも良い印象を与えない。

④舌を出す，頭をかく，肩をすくめる，貧乏ゆすりをするなどの日頃のくせを出さないように注意する。これらのくせは事前にチェックし，矯正しておくことが望ましい。

　以上が面接試験の際の注意点であるが，受験者の動作は入室の瞬間から退室して受験者の姿がドアの外に消えるまで観察されるのだから，最後まで気をゆるめず注意事項を心得ておきたい。

# 面接試験を知る

面接試験には採点基準など明確なものがあるわけではない。面接官が受験者から受ける印象などでも採点は異なってくるので，立派な正論を述べれば正解という性質のものではないのである。ここでは，面接官と受験者の間の様々な心理状況を探ってみた。

　面接試験で重要なことは，あたりまえだが面接官に良い印象を持たせるということである。面接官に親しみを持たせることは，確実にプラスになるだろう。同じ回答をしたとしても，それまでの印象が良い人と悪い人では，面接官の印象も変わってくることは十分考えられるからである。

　「面接はひと対ひと」と言われる。人間が相手だけに，その心理状況によって受ける印象が変わってきてしまうのである。正論を語ることももちろん重要だが，良い印象を与えるような雰囲気をつくることも，同じく重要である。それでは，面接官に対してよい印象を与える受験者の態度をまず考えてみよう。

## ■■ 面接官の観点──────

〈外観の印象〉
　□健康的か。
　□身だしなみは整っているか。
　□清潔感が感じられるか。
　□礼儀正しいか。
　□品位があり，好感を与えるか。
　□明朗で，おおらかさがあるか。
　□落ちつきがあるか。
　□謙虚さがうかがえるか。
　□言語が明瞭であるか。

　　□声量は適度であるか。
　　□言語・動作が洗練されているか。
〈質疑応答における観点〉
　①理解力・判断力・表現力
　　　□質問の意図を正しく理解しているか。
　　　□質問に対して適切な応答をしているか。
　　　□判断は的確であるか。
　　　□感情におぼれず，冷静に判断を下せるか。
　　　□簡潔に要領よく話すことができるか。
　　　□論旨が首尾一貫しているか。
　　　□話に筋道が通り，理路整然としているか。
　　　□用語が適切で，語彙が豊富であるか。
　②積極性・協調性(主に集団討論において)
　　　□積極的に発言しているか。
　　　□自己中心的ではないか。
　　　□他者の欠点や誤りに寛容であるか。
　　　□利己的・打算的なところは見受けられないか。
　　　□協力して解決の方向へ導いていこうとしているか。
　③教育に対する考え方
　　　□教育観が中正であるか。
　　　□人間尊重という基本精神に立っているか。
　　　□子供に対する正しい理解と愛情を持っているか。
　　　□教職に熱意を持っているか。
　　　□教職というものを，どうとらえているか。
　　　□考え方の社会性はどうか。
　④教師としての素養
　　　□学問や教育への関心はあるか。
　　　□絶えず向上しようとする気持ちが見えるか。
　　　□一般的な教養・常識・見識はあるか。
　　　□専門に関しての知識は豊富か。

　　□情操は豊かであるか。

　　□社会的問題についての関心はどうか。

　　□特技や趣味をどう活かしているか。

　　□国民意識と国際感覚はどうか。

　⑤人格の形成

　　□知，情，意の均衡がとれているか。

　　□社会的見識が豊かであるか。

　　□道徳的感覚はどうか。

　　□応答の態度に信頼感はあるか。

　　□意志の強さはうかがえるか。

　　□様々な事象に対する理解力はどうか。

　　□社会的適応力はあるか。

　　□反省力，自己抑制力はどの程度あるか。

## ■■■ 活発で積極的な態度─────────

　意外に忘れてしまいがちだが，面接試験において確認しておかなくてはならないことは，評価を下すのが面接官であるという事実である。面接官と受験者の関係は，面接官が受験者を面接する間，受験者は面接官にある種の働きかけをすることしかできないのである。面接という短い時間の中で，面接官に関心を持ってもらい，自分をより深く理解してもらいたいのだということを示すためには，積極的に動かなくてはならない。それによって，面接官が受験者に対して親しみを覚える下地ができるのである。

　そこで必要なのは，活発な態度である。質問にハキハキ答える，相手の目を見て話すといった活発な態度は確実に好印象を与える。質問に対し歯切れの悪い答え方をしたり，下を向いてぼそぼそと話すようでは，面接官としてもなかなか好意的には受け取りにくい。

　また，積極的な態度も重要である。特に集団面接や討論形式の場合，積極性がないと自分の意見を言えないままに終わってしまうかもしれない。自分の意見は自分からアピールしていかないと，相手から話を

振られるのを待っているだけでは，発言の機会は回ってこないのである。言いたいことはしっかり言うという態度は絶対に必要だ。

　ただ，間違えてほしくないのは，積極的な態度と相手の話を聞かないということはまったく別であるということである。集団討論などの場で，周りの意見や流れをまったく考えずに自分の意見を繰り返すだけでは，まったく逆効果である。「積極的」という言葉の中には，「積極的に話を聞く」という意味も含まれていることを忘れてはならない。また，自分が言いたいことがたくさんあるからといって，面接官が聞いている以外のことをどんどん話すという態度もマイナスである。このことについては次でも述べるが，面接官が何を聞こうとしているかということを「積極的に分かろうとする」態度を身につけておこう。

　最後に，面接試験などの場であがってしまうという人もいるかもしれない。そういう人は，素の自分を出すということに慣れていないという場合が多く，「変なことを言って悪い印象を与えたらどうしよう」という不安で心配になっていることが多い。そういう人は，面接の場では「活発で積極的な自分を演じる」と割り切ってしまうのも1つの手ではないだろうか。自分は演じているんだという意識を持つことで，「自分を出す」ということの不安から逃れられる。また，そういうことを何度も経験していくことで，無理に演技しているという意識を持たなくても，積極的な態度をとれるようになってくるのである。

### ■■ 面接官の意図を探る

　面接官に，自分の人間性や自分の世界を理解してもらうということは，面接官に対して受験者も共感を持つための準備ができているということを示さなくてはならない。面接官が興味を持っていることに対して誠意を持って回答をしているのだ，ということを示すことが重要である。例えば，面接官の質問に対して，受験者がもっと多くのことを話したいと思ったり，もっとくわしく表現したいと思っても，そこで性急にそうした意見や考えを述べたりすると，面接官にとって重要なことより，受験者にとって重要なことに話がいってしまい，面接官

は受験者が質問の意図を正確に理解する気がないのだと判断する可能性がある。面接官の質問に対して回答することと，自分の興味や意見を述べることとの間には大きな差があると思われる。面接官は質問に対する回答には関心を示すが，回答者の意見の論述にはあまり興味がないということを知っておかなくてはならない。面接官は，質問に対する回答はコミュニケーションと受け取るが，単なる意見の陳述は一方的な売り込みであることを知っているのである。

　売り込みは大切である。面接の場は自分を分かってもらうというプレゼンテーションの場であることは間違いないのだから，自分を伝える努力はもちろん必要である。だから，求められている短い答えの中で，いかに自分を表現できるかということがキーになってくる。答えが一般論になってしまっては面接官としても面白くないだろう。どんな質問に対しても，しっかりと自分の意見を持っておくという準備が必要なのである。相手の質問をよく聞き，何を求めているかを十分理解した上で，自分の意見をしっかりと言えるようにしておこう。その際，面接官の意図を尊重する姿勢を忘れないように。

### ■■ 相手のことを受容すること────────

　面接官が受験者を受容する，あるいは受験者が面接官に受容されるということは，面接官の意見に賛同することではない。また，面接官と受験者が同じ価値観を持つことでもない。むしろ，面接官が自分の考え，自分の価値観をもっているのと同じように，受験者がそれをもっていることが当然であるという意識が面接官と受験者の間に生まれるということであろう。こうした関係がない面接においては，受験者は自分が面接官の考え方や価値観を押しつけられているように感じる。

　更に悪いのは，受験者はこう考えるべきだというふうに面接官が思っていると受験者が解釈し，そのような回答をしていることを面接官も気付いてしまう状態である。シナリオが見えるような面接試験では，お互いのことがまったく分からないまま終わってしまう。奇抜な意見

を言えばいいというものではないが，個性的な意見も面接の中では重要になってくる。ただ，その自分なりの意見を面接官が受容するかどうかという点が問題なのである。「分かる奴だけ分かればいい」という態度では，面接は間違いなく失敗する。相手も自分も分かり合える関係を築けるような面接がいい面接なのである。

「こちらがどう思おうと，面接官がどう思うかはどうしようもない」と考えている人もいるかもしれないが，それは間違いである。就職試験などにみられる「圧迫面接」などならしかたないが，普通に面接試験を行う時は，面接官側も受験者のことを理解したいと思って行うのであるから，受験生側の態度で友好的になるかならないかは変わってくるのである。

### ■■ 好き嫌い————————

受容については，もう1つの面がある。それは自分と異なった文化を持った人間を対等の人間として扱うということである。こうした場合のフィードバックは，個人の眼鏡のレンズによってかなり歪められたものになってしまう。また，文化の違いがないときでも，お互いを受容できないということは起こりうる。つまり，人格的に性が合わないことがあるということを認めなくてはならない。しかし，面接という場においては，このことが評価と直結するかというと，必ずしもそうではない。次に述べる「理解」というのにも関係するのだが，面接官に受験者の意見や考えを理解してもらうことができれば，面接の目標を果たせたことになるからだ。

もちろん，「顔や声がどうしても嫌い」などというケースもあり得るわけだが，面接官も立派な大人なわけであるし，そのことによって質問の量などが変わってくるということはまずない。「自分だけ質問されない」というようなケースはほとんどないし，あるとしたらまったく何か別な理由であろう。好き嫌いということに関しては，それほど意識することはないだろう。ただ，口の聞き方や服装，化粧などで，いやな感じを与えるようなものはさけるというのは当然である。

### ■■ 理解するということ──────────

　一人の人間が他者を理解するのに3つの方法がある。第一の方法は，他者の目を通して彼を理解する。例えば，彼について書かれたものを読み，彼について他の人々が語っているのを聞いたりして，彼について理解する。もっとも面接においては，前に行われた面接の評価がある場合をのぞいては，この理解は行われない。

　第二の方法は，自分で相手を理解するということである。これは他者を理解するために最もしばしば使う方法であり，これによってより精密に理解できるといえる。他者を理解したり，しなかったりする際には，自分自身の中にある知覚装置，思考，感情，知識を自由に駆使する。従って理解する側の人間は，その立場からしか相手を理解できない。面接においては，教育現場で仕事に携わっている視点から物事を見ているので，現場では役に立たないような意見を面接官は理解できないということである。

　第三の方法は，最も意味の深いものであると同時に，最も要求水準が高いものでもある。他者とともに理解するということである。この理解の仕方は，ただ両者共通の人間性のみを中心に置き，相手とともにいて，相手が何を考え，どう感じているか，その人の周囲の世界をどのようにみているかを理解するように努める。面接において，こうした理解までお互いに到達することは非常に困難を伴うといえるだろう。

　従って，面接における理解は，主に第二の方法に基づいて行われると考えられる。

### ■■ よりよく理解するために──────────

　最後に面接官が面接を行う上でどのような点を注目し，どのように受験者を理解しようとするのかについて触れておこう。

　まず話し過ぎ，沈黙し過ぎについて。話し過ぎている場合，面接官は受験者を気に入るように引き回される。また，沈黙し過ぎのときは，両者の間に不必要な緊張が生まれてしまう。もっとも，沈黙は面接に

おいて，ときには非常に有用に機能する。沈黙を通して，面接官と受験者がより近づき，何らかを分かち合うこともある。また，同じ沈黙が，二人の溝の開きを見せつけることもある。また混乱の結果を示すこともある。

　また面接官がよく用いる対応に，言い直し，明確化などがある。言い直しとは，受験者の言葉をそのまま使うことである。言い直しはあくまでも受験者に向けられたもので，「私はあなたの話を注意深く聞いているので，あなたが言ったことをもう一度言い直せますよ。私を通してあなたが言ったことを自分の耳で聴き返してください」という意思表示である。

　明確化とは，受験者が言ったこと，あるいは言おうとしたことを面接官がかわって明確にすることである。これには2つの意味があると考えられている。面接官は受験者が表現したことを単純化し意味を明瞭にすることにより，面接を促進する。あるいは，受験者がはっきりと表現するのに困難を感じているときに，それを明確化するのを面接官が手伝ってやる。そのことによって，受験者と面接官とが認識を共有できるのである。

# 面接試験の秘訣

社会情勢の変動とともに年々傾向の変動が見られる面接試験。これからの日常生活でふだん何を考え，どういった対策をすべきかを解説する。

## ■■ 変わる面接試験

　数年前の面接試験での質問事項と最近の面接試験の質問事項を比較してみると，明らかに変わってきている。数年前の質問事項を見てみると，個人に関する質問が非常に多い。「健康に問題はないか」「遠隔地勤務は可能か」「教師を志した理由は」「卒論のテーマは」「一番印象に残っている教師は」などといったものがほとんどである。「指導できるクラブは何か」というものもある。その他には，「今日の新聞の一面の記事は何か」「一番関心を持っている社会問題は何か」「最近読んだ本について」「今の若者についてどう思うか」「若者の活字離れについて」「日本語の乱れについて」「男女雇用機会均等法について」「国際化社会について」「高齢化社会について」といった質問がされている。そして，教育に関連する質問としては，「校則についてどう考えるか」「～県の教育について」「学校教育に必要なこと」「コンピュータと数学教育」「生徒との信頼関係について」「社会性・協調性についてどう考えるか」「生涯教育について」「登校拒否について」といったものが質問されている。また「校内球技大会の注意事項」「教室でものがなくなったときの対処法」「家庭訪問での注意事項」「自分ではできそうもない校務を与えられたときはどうするか」「無気力な子供に対してどのような指導をするか」といった質問がされていたことが分かる。

　もちろんこれらの質問は今日も普遍的に問われることが多いが，さ

らに近年の採用試験での面接試験の質問事項では，「授業中に携帯メールをする生徒をどう指導するか」，「トイレから煙草の煙が出ているのを見つけたらどうするか」，「生徒から『先生の授業は分からないから出たくない』と言われたらどうするか」といった具体的な指導方法を尋ねるものが大幅に増えているのである。では，面接試験の質問内容は，どうしてこのように変化してきたのであろうか。

## ■■ 求められる実践力————————

　先にも述べたように，今日，教師には，山積した問題に積極的に取り組み，意欲的に解決していく能力が求められている。しかも，教師という職業柄，1年目から一人前として子供たちの指導に当たらなくてはならない。したがって，教壇に立ったその日から役に立つ実践的な知識を身に付けていることが，教師としての前提条件となってきているのである。例えば，1年目に担任したクラスでいじめがあることが判明したとする。その時に，適切な対応がとられなければ，自殺という最悪のケースも十分予想できるのである。もちろん，いじめに対する対処の仕方に，必ずこうしなくてはならないという絶対的な解決方法は存在しない。しかし，絶対にしてはいけない指導というものはあり，そうした指導を行うことによって事態を一層悪化させてしまうことが容易に想像できるものがある。そうした指導に関する知識を一切持たない教師がクラス経営を行うということは，暗闇を狂ったコンパスを頼りに航海するようなものである。

　したがって，採用試験の段階で，教師として必要最低限の知識を身に付けているかどうかを見極めようとすることは，至極当然のことである。教師として当然身に付けていなければいけない知識とは，教科指導に関するものだけではなく，教育哲学だけでもなく，今日の諸問題に取り組む上で最低限必要とされる実践的な知識を含んでいるのである。そして，そうした資質を見るためには，具体的な状況を設定して，対処の仕方を問う質問が増えてくるのである。

### ■■ 面接試験の備え──────────

　実際の面接試験では，具体的な場面を想定して，どのような指導をするか質問されるケースが非常に多くなってきている。その最も顕著な例は模擬授業の増加である。対策としては，自己流ではない授業案を書く練習を積んでおかなくてはならない。

　また，いじめや不登校に対する対応の仕方などについては，委員会報告や文部科学省の通達などが出ているので，そうしたものに目を通して理解しておかなくてはいけない。

### ■■ 面接での評価ポイント──────────

面接は人物を評価するために行う。
①面接官の立場から
　ア．子供から信頼を受けることができるであろうか。
　イ．保護者から信頼を受けることができるであろうか。
　ウ．子供とどのようなときも，きちんと向き合うことができるであろうか。
　エ．教えるべきことをきちんと教えることができるであろうか。
②保護者の立場から
　ア．頼りになる教員であろうか。
　イ．わが子を親身になって導いてくれるであろうか。
　ウ．学力をきちんとつけてくれるであろうか。
　エ．きちんと叱ってくれるであろうか。

### ■■ 具体的な評価のポイント──────────

①第一印象(はじめの1分間で受ける感じ)で決まる
　服装，身のこなし，表情，言葉遣いなどから受ける感じ
②人物評価
　ア．あらゆるところから誠実さがにじみ出ていなければならない。
　イ．歯切れのよい話し方をする。簡潔に話し，最後まできちんと聞く。

　　ウ．願書等の字からも人間性がのぞける。上手下手ではない。

　　エ．話したいことが正しく伝わるよう，聞き手の立場に立って話す。

　③回答の仕方

　　ア．問いに対しての結論を述べる。理由は問われたら答えればよい。
　　　　理由を問われると予想しての結論を述べるとよい。

　　イ．質問は願書や自己PRを見ながらするであろう。特に自己PRは
　　　　撒き餌である。

　　ウ．具体的な方策を問うているのであって，タテマエを求めている
　　　　のではない。

■■ **集団討論では平等な討議**────────────

　①受験者間の意見の相違はあって当然である。だからこそ討議が成り
　　立つのであるが，食い下がる必要はない。

　②相手の意見を最後まで聞いてから反論し，理由を述べる。

　③長々と説明するなど，時間の独り占めは禁物である。持ち時間は平
　　等にある。

　④現実を直視してどうするかを述べるのはよい。家庭教育力の低下だ
　　とか「今日の子供は」という批判的な見方をしてはならない。

# 面接試験の心構え

## ■■ 教員への大きな期待────────

　面接試験に臨む心構えとして，今日では面接が1次試験，2次試験とも実施され，合否に大きな比重を占めるに至った背景を理解しておく必要がある。

　教員の質への熱くまた厳しい視線は，2009年4月から導入された教員免許更新制の実施としても制度化された(2022年7月廃止予定)。

　さらに，令和3年1月に中央教育審議会から答申された『令和の日本型学校教育』の構築を目指して～全ての子供たちの可能性を引き出す，個別最適な学びと，協働的な学びの実現～」では，教師が教師でなければできない業務に全力投球でき，子供たちに対して効果的な教育活動を行うことができる環境を作っていくために，国・教育委員会・学校がそれぞれの立場において，学校における働き方改革について，あらゆる手立てを尽くして取組を進めていくことが重要であるとされている。

　様々な状況の変化により，これからますます教師の力量が問われることになる。さらに，子供の学ぶ意欲や学力・体力・気力の低下，様々な実体験の減少に伴う社会性やコミュニケーション能力の低下，いじめや不登校等の学校不適応の増加，LD(学習障害)，ADHD(注意欠陥/多動性障害)や高機能自閉症等の子供への適切な支援といった新たな課題の発生など，学校教育をめぐる状況は大きく変化していることからも，これからの教員に大きな期待が寄せられる。

## ■■ 教員に求められる資質────────

　もともと，日本の学校教育制度や教育の質は世界的に高水準にあると評価されており，このことは一定の共通認識になっていると思われる。教師の多くは，使命感や誇りを持っており，教育的愛情をもって

子供に接しています。さらに，指導力や児童生徒理解力を高めるため，いろいろな工夫や改善を行い，自己研鑽を積んできている。このような教員の取り組みがあったために，日本の教員は高い評価を得てきている。皆さんは，このような教師たちの姿に憧れ，教職を職業として選択しようとしていることと思われる。

　ただ一方で，今日，学校教育や教員をめぐる状況は大きく変化しており，教員の資質能力が改めて問い直されてきているのも事実です。文部科学省の諮問機関である中央教育審議会では，これらの課題に対し，①社会構造の急激な変化への対応，②学校や教員に対する期待の高まり，③学校教育における課題の複雑・多様化と新たな研究の進展，④教員に対する信頼の揺らぎ，⑤教員の多忙化と同僚性の希薄化，⑥退職者の増加に伴う量及び質の確保の必要性，を答申している。

　中央教育審議会答申(「教職生活の全体を通じた教員の資質能力の総合的な向上方策について」2012年)では，これからの教員に求められる資質能力を示してる。

(i)　教職に対する責任感，探究力，教職生活全体を通じて自主的に学び続ける力(使命感や責任感，教育的愛情)

(ii)　専門職としての高度な知識・技能
　・教科や教職に関する高度な専門的知識(グローバル化，情報化，特別支援教育その他の新たな課題に対応できる知識・技能を含む)
　・新たな学びを展開できる実践的指導力(基礎的・基本的な知識・技能の習得に加えて思考力・判断力・表現力等を育成するため，知識・技能を活用する学習活動や課題探究型の学習，協働的学びなどをデザインできる指導力)
　・教科指導，生徒指導，学級経営等を的確に実践できる力

(iii)　総合的な人間力(豊かな人間性や社会性，コミュニケーション力，同僚とチームで対応する力，地域や社会の多様な組織等と連携・協働できる力)

　また，中央教育審議会答申(「今後の教員養成・免許制度の在り方について」2006年)では，優れた教師の3要素が提示されている。

① 教職に対する強い情熱

　　教師の仕事に対する使命感や誇り，子どもに対する愛情や責任感など

② 教育の専門家としての確かな力量

　　子ども理解力，児童・生徒指導力，集団指導の力，学級づくりの力，学習指導・授業づくりの力，教材解釈の力など

③ 総合的な人間力

　　豊かな人間性や社会性，常識と教養，礼儀作法をはじめ対人関係能力，コミュニケーション能力などの人格的資質，教職員全体と同僚として協力していくこと

　さらに中央教育審議会答申(「これからの学校教育を担う教員の資質能力の向上について〜学び合い，高め合う教員育成コミュニティの構築に向けて〜」2015年)では，新たにこれからの時代の教員に求められる資質能力が示された。

(i) これまで教員として不易とされてきた資質能力に加え，自律的に学ぶ姿勢を持ち，時代の変化や自らのキャリアステージに応じて求められる資質能力を生涯にわたって高めていくことのできる力や，情報を適切に収集し，選択し，活用する能力や知識を有機的に結びつけ構造化する力などが必要である。

(ii) アクティブ・ラーニングの視点からの授業改善，道徳教育の充実，小学校における外国語教育の早期化・教科化，ICTの活用，発達障害を含む特別な支援を必要とする児童生徒等への対応などの新たな課題に対応できる力量を高めることが必要である。

(iii) 「チーム学校」の考えの下，多様な専門性を持つ人材と効果的に連携・分担し，組織的・協働的に諸課題の解決に取り組む力の醸成が必要である。

　時代の変革とともに，アクティブ・ラーニングやチーム学校など，

求められる教師の資質や能力も変わっていく。時代に対応できる柔軟
性のある教師が求められる。

### ■■ 面接試験の種類とその概要────────

　面接は，基本的に個人面接，集団面接，集団討論，模擬授業の4種類
に分けられるが，現在，多様な方法で，その4種類を適宜組み合わせ
て実施しているところが多くなっている。例えば，模擬授業の後で授
業に関する個人面接をしたり，集団討論と集団面接を組み合わせてい
る。また模擬授業も場面指導・場面対応などを取り入れているところ
が増えてきた。

　文部科学省の調査によると，面接官は主に教育委員会事務局職員や
現職の校長，教頭などであるが，各自治体は，これに加えて民間企業
担当者，臨床心理士，保護者等の民間人等を起用している。次にそれ
ぞれの面接の概要を紹介する。

受験者1人に対して，面接官2〜3人で実施される。1次試
験の場合は「志願書」に基づいて，2次試験の場合は1次
合格者にあらかじめ記入させた「面接票」に基づいて質
問されることが一般的で，1人当たり10分前後の面接時間である。

　1次試験と2次試験の面接内容には大差はないが，やや2次試験の
方が深く，突っ込んで聞かれることが多いと言える。

　質問の中でも，「教員志望の動機」，「教員になりたい学校種」，
「本県・市教員の志望動機」，「理想の教師像・目指す教師像」など
は基本的なことであり，必ず聞かれる内容である。「自己アピール」
とともに，理由，抱負，具体的な取組などをぜひ明確化しておく必
要がある。

　また，「志願書」を基にした質問では，例えば部活動の経験や，
卒業論文の内容，ボランティア経験などがある。必ず明確に，理由
なども含めて答えられるようにしておくことが必要である。そのた
めに「志願書」のコピーを取り，突っ込んで聞かれた場合の対策を
立てておくことを勧める。

**集団面接**　集団面接は受験者3〜8名に対して面接官3名で実施される。1次試験で実施するところもある。したがって個人面接と質問内容には大差はない。例えば，「自己アピール」をさせたり，「教員として向いているところ」を聞いたりしている。

　ただ1次試験の面接内容と違うところは，先に述べたように，多くの自治体が2次試験受験者に対してあらかじめ「面接票」を書かせて当日持参させて，その内容に基づいて聞くことが多い。したがって，記載した内容について質問されることを想定し，十分な準備をしておく必要がある。例えば，「卒業論文のテーマ」に対して，テーマを設定した理由，研究内容，教師として活かせることなどについて明確化しておく必要がある。ボランティア経験なども突っ込んで聞かれることを想定しておく。

　今日では集団面接は受験番号順に答えさせるのではなく，挙手をさせて答えさせたり，受験者によって質問を変えたりする場合が多くなっている。

　集団面接では，個人面接と同様に質問の内容自体は難しくなくても，他の受験生の回答に左右されないように，自分の考えをしっかりと確立しておくことが重要である。

**集団討論**　面接官3名に対して，受験者5〜8名で与えられたテーマについて討論する。受験者の中から司会を設けさせるところと司会を設けなくてもよいところ，結論を出すように指示するところと指示しないところがある。

　テーマは児童生徒への教育・指導に関することが中心で，討論の時間は30〜50分が一般的である。

　採用者側が集団討論を実施する意図は，集団面接以上に集団における一人ひとりの資質・能力，場面への適応力，集団への関係力，コミュニケーション力などを観て人物を評価したいと考えているからである。そして最近では，個人面接や集団面接では人物を判断しきれないところを，集団討論や模擬授業で見極めたいという傾向が見受けられる。よって受験者仲間と討論の練習を十分に行い，少し

でも教育や児童生徒に対する幅広い知識を得ることはもちろんのこと，必ず自分の考えを構築していくことが，集団討論を乗り切る「要」なのである。

**模擬授業** 一般に模擬授業は教科の一部をさせるものであるが，道徳や総合的な学習の時間，学級指導などを行わせるところもある。

時間は8分前後で，導入の部分が一般的であるが，最近は展開部分も行わせることもある。直前に課題が示されるところ，模擬授業前に一定の時間を与え，学習指導案を書かせてそれを基に授業をさせるところ，テーマも抽選で自分である程度選択できるところもある。また他の受験生を児童生徒役にさせるところ，授業後，授業に関する個人面接を実施するところなど，実施方法は実に多様である。

ある県では，1次合格者に対して2次試験当日に，自分で設定した単元の学習指導案をもとに授業をさせて，後の個人面接で当該単元設定の理由などを聞いている。またある県では，授業後の個人面接で自己採点をさせたり，授業について質問している。

学級指導を行わせる自治体もある。例えば，福祉施設にボランティアに出かける前の指導や修学旅行前日の指導，最初の学級担任としての挨拶をさせるものなどである。

模擬授業は，集団討論と同様，最近は非常に重要視されている。時間はわずか8分前後であるが，指導内容以上に，与えられた時間内にどれだけ児童生徒を大切にした授業をしようとしたか，がポイントである。それだけに受験生は「授業力」を付ける練習を十分にしておくことが必要である。

 模擬授業の一方法と言えるが，設定される課題が生徒指導に関することや，児童生徒対応，保護者対応・地域対応に関するものが主である。個人面接の中で設定される場合もある。

最近の児童生徒の実態や保護者対応などが課題になっていることを受けて，多くのところで実施されるようになってきた。

　例えば，「授業中に児童が教室から出て行きました。あなたはどうしますか」とか「あなたが授業のために教室に行ったところ，生徒たちが廊下でたむろして教室に入らないので指導して下さい」，「学級の生徒の保護者から，明日から学校に行かせないとの連絡がありました。担任としてどうするか，保護者に話してください」など，教員になれば必ず直面するテーマが設定されている。

　日頃から，自分が教員になった場合の様々な場面を想定して，自分の考えや対応の方法などの構築を進めていくことが必要である。そのためには，集団討論や模擬授業と同様に十分な練習を行うことが必要である。

## ■■ 面接試験に臨むために準備すること―――――――――

準備のための基本的な視点は次の3点である。

(1)　面接会場の多くは学校の教室である。暑い最中での面接であるから，心身の状態をベストにして臨むことが極めて重要である。

　面接のためだけでなく，教職自体が予想以上に心身のタフさが求められることを念頭において，日頃から試験当日に向けて心身の健康の保持に留意すること。

(2)　面接は人物評価の「要」となっているだけに，受験者は「自分をアピールする・売り込む」絶好の機会と捉えて，当日に向けての十分な準備・対策を進めることが極めて大切である。

(3)　自分の受験する自治体の教育施策を熟知し，多様な面接内容などに対処できるようにすることが大切である。

# 試験対策前の事前チェック

■■ **面接試験の準備状況をチェックする**————————

　まず面接試験に向けた現在の準備状況を20項目の「**準備状況のチェック**」で自己チェックし，その合計得点から準備の進み具合について調べ，これからどのような準備や学習が必要なのかを考えよう。「はい」「少しだけ」「いいえ」のどれかをマークし，各点数の合計を出す。（得点：はい…2点，少しだけ…1点，いいえ…0点）

**Check List 1** 準備状況のチェック

|   | はい | 少しだけ | いいえ |
|---|---|---|---|
| ① 態度・マナーや言葉づかいについてわかっている | ◯ | ◯ | ◯ |
| ② 自分の特技や特長が説明できる | ◯ | ◯ | ◯ |
| ③ 自分なりの志望の動機を答えられる | ◯ | ◯ | ◯ |
| ④ 自己PRが短時間でできる | ◯ | ◯ | ◯ |
| ⑤ 自分の能力や教員としての適性について説明できる | ◯ | ◯ | ◯ |
| ⑥ 教育に対する考えを明確に説明することができる | ◯ | ◯ | ◯ |
| ⑦ 自分の目指す教師像について説明できる | ◯ | ◯ | ◯ |
| ⑧ 教師として何を実践したいか説明できる | ◯ | ◯ | ◯ |
| ⑨ 希望する校種が決まっている | ◯ | ◯ | ◯ |
| ⑩ 卒論の内容について具体的に説明できる | ◯ | ◯ | ◯ |
| ⑪ 面接試験の内容や方法についてわかっている | ◯ | ◯ | ◯ |
| ⑫ 面接の受け方がわかっている | ◯ | ◯ | ◯ |
| ⑬ 面接試験で何を質問されるのかわかっている | ◯ | ◯ | ◯ |
| ⑭ 模擬面接を受けたことがある | ◯ | ◯ | ◯ |
| ⑮ 集団討議でディスカッションする自信がある | ◯ | ◯ | ◯ |
| ⑯ 模擬授業での教科指導・生徒指導に自信がある | ◯ | ◯ | ◯ |
| ⑰ 受験要項など取り寄せ方やWeb登録を知っている | ◯ | ◯ | ◯ |
| ⑱ 書類など何をそろえたらよいのかわかっている | ◯ | ◯ | ◯ |
| ⑲ 書類などの書き方がわかっている | ◯ | ◯ | ◯ |
| ⑳ 試験当日の準備ができている | ◯ | ◯ | ◯ |

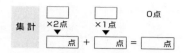

集 計　[×2点] [×1点]　　0点

[　　]点 ＋ [　　]点 ＝ [　　]点

診断

| 0〜14点 | 15〜29点 | 30〜40点 |
|---|---|---|
| 少々準備不足である。他の受験者に遅れを取らないように頑張ろう。 | 順調に準備が進んでいる。さらに本番に向けて準備を進めよう。 | よく準備ができている。自分の考えを整理して,本番に備えよう。 |

### ■■ 教職レディネスをチェックする────

　教員採用試験を受験する前に,教員になるための準備がどの程度できているだろうか。教員の職務に必要とされている様々な能力や適性について,まずは確認してみることが必要である。

　教員の職務に必要な能力・適性を,(1)　事務処理,(2)　対人関係,(3)　教育力・指導力 に分け,それぞれについて,教員になるための準備の程度について考えてみたい。次のチェックシートを使って,自分の教職に対するレディネス(準備性)を評価してみる。CとDの項目については,改善のためのアクションプラン(行動計画)を考えるとよい。

#### (1)　事務処理能力をチェックする

　教育事務は教育活動の中でも,生徒指導を支える重要な役割を果たすものである。学校としてのあらゆる教育計画を企画・立案したり,生徒指導のための資料を収集・整理し,活用できるようにまとめたりすることも,事務処理の優れた能力がなければ実践していくことはできない。教職レディネスとしての事務的能力について,以下の項目をAからDで評価する。

`Check List 2` 事務処理能力のチェック

A:十分できる　B:できる　C:あまりできない　D:できない

① 言われたことを正しく理解し,実行できる　　　Ⓐ─Ⓑ─Ⓒ─Ⓓ

② 計画的に行動し,適正に評価することができる　Ⓐ─Ⓑ─Ⓒ─Ⓓ

③ 根気強く資料を作ったり,検討することができる　Ⓐ─Ⓑ─Ⓒ─Ⓓ

④ 物事を正確で丁寧に処理できる　　　　　　　　Ⓐ───Ⓑ───Ⓒ───Ⓓ

⑤ 計算を速く間違いなくできる　　　　　　　　　Ⓐ───Ⓑ───Ⓒ───Ⓓ

⑥ 記録を付けたり, データを解釈することができる　Ⓐ───Ⓑ───Ⓒ───Ⓓ

⑦ 文字や数字などを速く正確に照合できる　　　　Ⓐ───Ⓑ───Ⓒ───Ⓓ

⑧ 文章を理解し, 文章で自分の考えを伝えられる　Ⓐ───Ⓑ───Ⓒ───Ⓓ

⑨ データをグラフ化したり, 考えを図式化できる　Ⓐ───Ⓑ───Ⓒ───Ⓓ

⑩ 分析したり, まとめたり, 計画を立てられる　　Ⓐ───Ⓑ───Ⓒ───Ⓓ

## (2)　対人関係能力をチェックする

　教育は人と人との関わりを通して行われるものであり, 児童・生徒は教師の人格や対人関係能力などによって大きな影響を受けるものである。児童・生徒への適切な指導や保護者との連携, 地域との関わり, 先輩教員とのコミュニケーションなど対人関係能力は教職にとって欠くことのできない基本的な要素だと言える。教職レディネスとしての対人関係能力について, 以下の項目を前述と同様にAからDで評価してみよう。

### Check List 3 対人関係能力のチェック

A:十分できる　B:できる　C:あまりできない　D:できない

① 考えていることをうまく言葉で表現できる　　　　Ⓐ───Ⓑ───Ⓒ───Ⓓ

② あまり神経質でなく, 劣等感も少ない　　　　　　Ⓐ───Ⓑ───Ⓒ───Ⓓ

③ 社交性があり, 誰とでも協調していくことができる　Ⓐ───Ⓑ───Ⓒ───Ⓓ

④ 初対面でも気楽に話すことができる　　　　　　　Ⓐ───Ⓑ───Ⓒ───Ⓓ

⑤ 相手に好感を与えるような話しぶりができる　　　Ⓐ───Ⓑ───Ⓒ───Ⓓ

⑥ 奉仕的な気持ちや態度を持っている　　　　　　　Ⓐ───Ⓑ───Ⓒ───Ⓓ

⑦ 何事にも, 機敏に対応できる　　　　　　　　　　Ⓐ───Ⓑ───Ⓒ───Ⓓ

⑧ 相手の気持ちや考えをよく理解できる　　　　　　Ⓐ───Ⓑ───Ⓒ───Ⓓ

⑨ 相手の立場になって考えたり, 行動できる　　　　Ⓐ───Ⓑ───Ⓒ───Ⓓ

⑩ 他人をうまく説得することができる　　　　　　　Ⓐ───Ⓑ───Ⓒ───Ⓓ

## (3)　教育力・指導力をチェックする

　教師としての教育力や指導力は, 教員の職務上, もっとも重要な能力であると言える。教師として必要な知識や指導方法などを知ってい

ても，実際にそれらを活用して指導していけなければ何にもならない。教育力・指導力は，教育活動の中で生徒指導を実践していくための教職スキルであると言うことができる。教職レディネスとしての教育力・指導力について，以下の項目をAからDで評価してみよう。

### Check List 4 教育力・指導力のチェック

A：十分できる　B：できる　C：あまりできない　D：できない

① 責任感が強く，誠実さを持っている　(A)—(B)—(C)—(D)

② 児童・生徒への愛情と正しい理解を持っている　(A)—(B)—(C)—(D)

③ 常に創意工夫し，解決へと努力することができる　(A)—(B)—(C)—(D)

④ 何事にも根気強く対応していくことができる　(A)—(B)—(C)—(D)

⑤ 正しいことと悪いことを明確に判断し行動できる　(A)—(B)—(C)—(D)

⑥ 人間尊重の基本精神に立った教育観を持っている　(A)—(B)—(C)—(D)

⑦ 教科に関する知識や指導方法などが身に付いている　(A)—(B)—(C)—(D)

⑧ 問題行動には毅然とした態度で指導することができる　(A)—(B)—(C)—(D)

⑨ 研究や研修に対する意欲を持っている　(A)—(B)—(C)—(D)

⑩ 教科に関する知識や指導方法などが身に付いている　(A)—(B)—(C)—(D)

⑪ 授業を計画したり実践する力がある　(A)—(B)—(C)—(D)

⑫ 教育公務員としての職務を正しく理解している　(A)—(B)—(C)—(D)

⑬ 学習指導要領の内容をよく理解できている　(A)—(B)—(C)—(D)

### ■■ 面接の心構えをチェックする───────

　面接への心構えはもうできただろうか。面接試験に対する準備状況をチェックしてみよう。できている場合は「はい」，できていない場合は「いいえ」をチェックする。

### Check List 5 面接の心構えのチェック

はい　　いいえ

① 面接に必要なマナーや態度が身に付いているか　○──○

② 面接でどのような事柄が評価されるかわかっているか　○──○

③ 面接にふさわしい言葉づかいができるか　○──○

④ 受験先のこれまでの面接での質問がわかっているか　○──○

⑤ 話をするときの自分のくせを知っているか　○──○

⑥ 教員の仕事について具体的に理解しているか　　　　◯───◯

⑦ 必要な情報が集められているか確認したか　　　　　◯───◯

⑧ 志望した動機について具体的に話せるか　　　　　　◯───◯

⑨ 志望先の教育委員会の年度目標などを説明できるか　◯───◯

⑩ 志望先の教育委員会の教育施策について説明できるか◯───◯

## ■■ 面接試験の意義

　教員採用試験における筆記試験では，教員として必要とされる一般教養，教職教養，専門教養などの知識やその理解の程度を評価している。また，論作文では，教師としての資質や表現力，実践力，意欲や教育観などをその内容から判断し評価している。それに対し，面接試験では，教師としての適性や使命感，実践的指導能力や職務遂行能力などを総合し，個人の人格とともに人物評価を行おうとするものである。

　教員という職業は，児童・生徒の前に立ち，模範となったり，指導したりする立場にある。そのため，教師自身の人間性は，児童・生徒の人間形成に大きな影響を与えるものである。そのため，特に教員採用においては，面接における人物評価は重視されるべき内容と言える。

## ■■ 面接試験のねらい

　面接試験のねらいは，筆記試験ではわかりにくい人格的な側面を評価することにある。面接試験を実施する上で，特に重視される視点としては次のような項目が挙げられる。

(1)　人物の総合的評価

　面接官が実際に受験者と対面することで，容姿，態度，言葉遣いなどをまとめて観察し，人物を総合的に評価することができる。これは，面接官の直感や印象によるところが大きいが，教師は児童・生徒や保護者と全人的に接することから，相手に好印象を与えることは好ましい人間関係を築くために必要な能力といえる。

(2)　性格，適性の判断

　面接官は，受験者の表情や応答態度などの観察から性格や教師としての適性を判断しようとする。実際には，短時間での面接のため，社会的に，また，人生の上からも豊かな経験を持った学校長や教育委員会の担当者などが面接官となっている。

(3)　志望動機，教職への意欲などの確認

　志望動機や教職への意欲などについては，論作文でも判断することもできるが，面接では質問による応答経過の観察によって，より明確に動機や熱意を知ろうとしている。

(4)　コミュニケーション能力の観察

　応答の中で，相手の意志の理解と自分の意思の伝達といったコミュニケーション能力の程度を観察する。中でも，質問への理解力，判断力，言語表現能力などは，教師として教育活動に不可欠な特性と言える。

(5)　協調性，指導性などの社会的能力(ソーシャル・スキル)の観察

　ソーシャル・スキルは，教師集団や地域社会との関わりや個別・集団の生徒指導において，教員として必要とされる特性の一つである。これらは，面接試験の中でも特に集団討議(グループ・ディスカッション)などによって観察・評価されている。

(6)　知識，教養の程度や教職レディネス(準備性)を知る

　筆記試験において基本的な知識・教養については評価されているが，面接試験においては，更に質問を加えることによって受験者の知識・教養の程度を正確に知ろうとしている。また，具体的な教育課題への対策などから，教職への準備の程度としての教職レディネスを知ることができる。

## ●書籍内容の訂正等について

　弊社では教員採用試験対策シリーズ（参考書，過去問，全国まるごと過去問題集），公務員試験対策シリーズ，公立幼稚園・保育士試験対策シリーズ，会社別就職試験対策シリーズについて，正誤表をホームページ（https://www.kyodo-s.jp）に掲載いたします。内容に訂正等，疑問点がございましたら，まずホームページをご確認ください。もし，正誤表に掲載されていない訂正等，疑問点がございましたら，下記項目をご記入の上，以下の送付先までお送りいただくようお願いいたします。

> ① **書籍名，都道府県（学校）名，年度**
> 　（例：教員採用試験過去問シリーズ　小学校教諭 過去問　2025年度版）
> ② **ページ数**（書籍に記載されているページ数をご記入ください。）
> ③ **訂正等，疑問点**（内容は具体的にご記入ください。）
> 　（例：問題文では"ア〜オの中から選べ"とあるが，選択肢はエまでしかない）

〔ご注意〕
○ 電話での質問や相談等につきましては，受付けておりません。ご注意ください。
○ 正誤表の更新は適宜行います。
○ いただいた疑問点につきましては，当社編集制作部で検討の上，正誤表への反映を決定させていただきます（個別回答は，原則行いませんのであしからずご了承ください）。

## ●情報提供のお願い

　協同教育研究会では，これから教員採用試験を受験される方々に，より正確な問題を，より多くご提供できるよう情報の収集を行っております。つきましては，教員採用試験に関する次の項目の情報を，以下の送付先までお送りいただけますと幸いでございます。お送りいただきました方には謝礼を差し上げます。
（情報量があまりに少ない場合は，謝礼をご用意できかねる場合があります）。
◆あなたの受験された面接試験，論作文試験の実施方法や質問内容
◆教員採用試験の受験体験記

- - - - - - - - - - - - - - - - - - - - - - - - - - - - - - - - - - - - - - - - - -

| 送付先 | ○電子メール：edit@kyodo-s.jp<br>○FAX：03-3233-1233（協同出版株式会社　編集制作部 行）<br>○郵送：〒101-0054　東京都千代田区神田錦町2-5<br>　　　　　協同出版株式会社　編集制作部 行<br>○HP：https://kyodo-s.jp/provision（右記のQRコードからもアクセスできます） |
|---|---|

　※謝礼をお送りする関係から，いずれの方法でお送りいただく際にも，「お名前」「ご住所」は，必ず明記いただきますよう，よろしくお願い申し上げます。

教員採用試験「過去問」シリーズ

# 岡山県・岡山市の
# 論作文・面接 過去問

| | |
|---|---|
| 編　集 | ⓒ 協同教育研究会 |
| 発　行 | 令和6年1月10日 |
| 発行者 | 小貫　輝雄 |
| 発行所 | 協同出版株式会社 |
| | 〒101-0054　東京都千代田区神田錦町2‐5 |
| | 電話　03－3295－1341 |
| | 振替　東京00190－4－94061 |
| 印刷所 | 協同出版・POD工場 |

落丁・乱丁はお取り替えいたします。

本書の全部または一部を無断で複写複製（コピー）することは，
著作権法上での例外を除き，禁じられています。

# 2024年夏に向けて
## ー教員を目指すあなたを全力サポート！ー

## ●通信講座

志望自治体別の教材とプロによる
丁寧な添削指導で合格をサポート

詳細はこちら

## ●公開講座 (＊1)

48のオンデマンド講座のなかから、
不得意分野のみピンポイントで学習できる！
受講料は6000円〜　＊一部対面講義もあり

詳細はこちら

## ●全国模試 (＊1)

業界最多の **年5回** 実施！
定期的に学習到達度を測って
レベルアップを目指そう！

詳細はこちら

## ●自治体別対策模試 (＊1)

的中問題がよく出る！
本試験の出題傾向・形式に合わせた
試験で実力を試そう！

詳細はこちら

上記の講座及び試験は，すべて右記のQRコードからお申し込みできます。また，講座及び試験の情報は，随時，更新していきます。

＊1・・・ 2024年対策の公開講座、全国模試、自治体別対策模試の情報は、2023年9月頃に公開予定です。

**協同出版・協同教育研究会**
https://kyodo-s.jp

お問い合わせは
通話料無料の
フリーダイヤル

いいみ　なさんおうえん
**0120 (13) 7300**
受付時間：平日（月〜金）9時〜18時　まで